1

ISBN 979-10-94712-13-9

Michel TREGUER

QUOI D'AUTRE ?

TOUT PRÈS, SI LOIN

pour les mêmes raisons

Tout ce que nous entreprenons, et même ce que nous ne faisons pas, nous empêche d'agir à l'opposé. Les actes détruisent leurs alternatives.

(James Salter, *Light Years)*

Ne demande jamais ton chemin à celui qui sait, tu pourrais ne pas te perdre.

(Nahman de Bratslav)

Ô mon étonnement, il y a donc autre chose que la lumière ?

(Paul Valéry, *L'Ange)*

I. Quoi d'Autre ?

Aucune prétention de « vieux sage » dans les réflexions qui vont suivre, j'ai toujours vingt ans, je ne pense pas le temps comme une aventure finissante, l'avenir *se présente*, à chaque instant. Ce sont, à l'inverse, des étonnements de jeune homme qui regarde le monde avec incrédulité, en souriant s'il le peut ; qui se demande comment ont pu naître cet environnement, ces organismes, cette humanité, ces credo peu croyables qui gouvernent nos vies. N'y aurait-il pas autre chose *à côté* ?

Rien de politique dans ces observations, rien de programmatique. Il y a des professionnels pour cela, des partis, des socialistes, des libéraux, des fascistes et des communistes ; des écologistes surtout, qui ne craignent pas de rêver. Et des prédicateurs, des évangélisateurs, des imams ; des croisés, des califes. Je n'ai aucune qualification pour me substituer à eux ni aucun désir de le faire. Je voudrais simplement, mais ce n'est peut-être pas si simple, te convier, lectrice, lecteur, à *te déprendre* d'un réel faussement rigide ; à méditer, à imaginer ; à faire un peu de philosophie en somme, hors de toute filière universitaire, hors du regard de tout maître à penser.

« L'Un » est à la fois l'un des plus séduisants visages du Bien et l'un des plus pernicieux du Mal. Nous sommes les représentants d'une Espèce que caractérise sa capacité à parler, à penser. Mais au-dessus de cette base biologique commune, diverses sont nos langues, nos cultures, nos expériences, nos espérances. Des paradigmes différents, des réalités contradictoires peuvent coexister, n'en déplaise à grand-père Aristote. C'est là l'une des difficultés ou des richesses de la vie ; et peut-être même l'un des plus fascinants mystères du réel. N'est proprement intolérable que le désir d'asservir l'autre, de le tuer, de lui ôter l'avenir.

Je ne me suis jamais résolu à considérer le monde dans lequel nous vivons comme nécessaire, encore moins prescrit. Même si on tient absolument à prêter à l'Histoire un sens global qui en fasse un « Progrès », le nombre de bifurcations hasardeuses qui marque son déroulement mène à penser que chaque seconde, chaque état du réel, auraient pu être différents. Si, comme le raconte Poul Anderson dans *Delenda est*, l'une des guerres puniques s'était soldée par la victoire de Carthage et la destruction de Rome, il n'y aurait pas eu d'Empire, la Gaule et les îles britanniques seraient restées celtiques, peut-être un avatar de Cuchulainn ou de William Wallace aurait-il alors découvert un continent nouveau qui se serait appelé *Ynys-ar-Afallon* et non l'Amérique ? Si Paul de Tarse avait décidé de faire de son talent une force du judaïsme plutôt que son cancer, qui peut savoir ce que serait devenu le souvenir de Jésus ? Si Napoléon n'avait pas cédé aussi facilement la Louisiane, à quoi ressembleraient aujourd'hui le Nouveau Monde et l'Europe ? Si le cauchemar de Philippe Roth dans *Le Complot contre l'Amérique* avait pris forme, à savoir l'élection à la Maison Blanche d'un Charles Lindbergh séduit par le nazisme, peut-être les États-Unis auraient-ils débarqué en Normandie pour épauler l'Allemagne dans ses œuvres antisémites et son combat contre l'URSS ?

Je ne tiens pas seulement ces *uchronies* pour des rêves vertigineux. Je sens ces autres mondes près du nôtre comme les feuilles d'un livre entourant la page courante. Veut-on quelques exemples moins imaginaires, des cas de *réalités* différentes que les éditorialistes reconnus et les hommes politiques installés oublient volontiers de méditer ? La Suisse propose depuis 1291 (!) le modèle d'un pays fédéral riche de quatre « langues nationales » – l'allemand, le français, l'italien, le romanche – et pourtant parfaitement intégré. Quelle ancienneté vénérable, qui fait apparaître Henri VIII,

Louis XIV, Robespierre et Napoléon, comme de petits jeunots ! et quelle magnifique préfiguration d'une Europe unie ! (dont au demeurant elle ne fait pas partie pour l'instant.) Quant à l'Irlande, enfin indépendante après avoir été pillée et ravagée pendant des siècles par son voisin anglais, combien de Français enivrés par les mythes du gaullisme et de la Résistance savent encore aujourd'hui qu'elle est restée *neutre* – comme la Suisse ! – pendant le conflit mondial ? qu'elle a même refusé l'usage de ses ports à la *Royal Navy* ?

Dans sa vie personnelle aussi chacun aperçoit que bien des moments essentiels de sa destinée se sont joués sur un coup de dés, une réussite ou un échec à un examen, un accident malheureux, une rencontre merveilleuse ou catastrophique avec une personne qui devait devenir « sa moitié ». Je suppose qu'il arrive à des Allemands d'aujourd'hui de rêver à ce qu'auraient été l'histoire de leur pays, son aura, le destin de leurs parents et leur propre présent, si l'épisode nazi n'avait pas eu lieu : peut-être aurait-il suffi qu'Adolf Hitler fût victime de la grande grippe, c'est-à-dire d'un minuscule virus, au sortir de la Première guerre ? Et j'imagine que bien des descendants de juifs français se rejouent différemment dans leurs nuits ce moment où des gendarmes ont frappé à la porte de l'appartement familial ; par exemple en les faisant précéder de quelques minutes par un concierge secourable. Aussi, quand j'observe les derniers développements de l'actualité, quand j'écoute les discours de Hollande, de Sarkozy, d'Obama, de Poutine, de Xi Jinping, quand je lis les relevés des taux de pollution, voire les textes sacrés des religions ou les explications des physiciens sur la structure du monde, me vient la question : *Quoi d'autre ?* Quoi d'autre que ce qu'on dit ? Quoi d'autre que ce qu'on « sait » ? Quoi d'autre derrière les images ? Quoi d'autre que ce qui est ?

On notera que cette position s'oppose à celle des « déterministes » qui considèrent que le monde ne pouvait être autre, n'en déplaise à Rimbaud et à tous les rêveurs. On ne trouve pas dans leurs rangs que des croyants traditionnels tenants d'un Dieu créateur ; mais aussi des esprits moins inféodés qui, à la suite de Spinoza, se satisfont de l'axiome selon lequel, dans la Nature, tout effet découle d'une cause. C'est là, je crois, s'aveugler sur l'étendue des jeux du hasard ; nous y reviendrons. Il m'est arrivé de débattre avec certains de ces brillants penseurs, et je dois dire que même les plus savants et les plus ouverts d'entre eux, ceux qui par exemple ne confondent pas déterminisme et prédiction, ne m'ont jamais convaincu. Il m'a toujours semblé que leur argumentation pouvait se réduire, en dernière analyse, à une trivialité du genre : « le monde ne peut être que ce qu'il est, parce qu'il est ce qu'il est. »

Certes, l'univers n'est rien d'autre que son histoire, vouloir la rejouer n'est guère imaginable que dans des détails récents. Mais il n'est pas sans intérêt de comprendre ou d'imaginer « comment ça s'est passé », tout à la fois pour prendre plaisir à corriger d'une pichenette virtuelle une première divergence ; pour se sentir porteur d'un bouquet infini d'avenirs ; et aussi, à l'inverse, pour mesurer que tout n'est pas possible. Lorsqu'une bille en équilibre sur une crête a choisi de basculer vers l'une des deux vallées, on ne peut plus revenir à un autre début ; une fois coupé le cou du roi, difficile de le recoudre. Contentons-nous d'espérer que des rêves décalés, des méditations sur de multiples ailleurs, puissent au moins conduire à mesurer la fragilité du présent et à se délester des simplifications des vainqueurs. Je les tiens pour des pratiques démocratiques, des gymnastiques de la conscience.

Au terme de quelques millénaires de fourvoiements dans l'histoire de la connaissance, le Hasard, avec un « H » majuscule, se découvre aux yeux des humains ébahis comme le créateur et maître de ce monde. Les déterministes n'y voient qu'un masque de notre ignorance, mais je ne les rejoins décidément pas, je ne vois pas la différence entre les deux positions s'il nous reste à jamais impossible d'élucider des milliards de milliards de causes infinitésimales. Les scientifiques ont trouvé pour dire l'absence de raison dans le déclenchement du *Big Bang* la formule cocasse de « fluctuation du vide ». Ensuite, attractions, répulsions, géométries, président à la formation des premiers grumeaux de particules : les moins appelant les plus, les creux les bosses, les serrures les clés, comme des amoureux déjà. Il suffit d'avoir un jour confectionné une pâte à crêpes pour mesurer le caractère erratique du processus ! Je passe allègrement sur les complexités infinies des combinaisons suivantes produisant molécules, bactéries, poissons, lézards et mammifères. (Cher lecteur, sais-tu que les oiseaux descendent des dinosaures ? et qu'à l'époque de ces monstres il n'y avait ni herbe ni fleurs, mais seulement des mousses et des fougères ?) Une fois apparu les organismes complexes, l'histoire de l'univers aurait pu s'arrêter, les différences se limiter à des jeux intérieurs aux espèces – tel spermatozoïde, tel gène, donnant des individus stupides ou géniaux, chauves ou chevelus, aux yeux bleus ou noirs, mais des individus de la même engeance – si ledit dieu Hasard ne s'amusait à commettre des fautes de copie dans la combinaison et la réplication en miroir des ADN. De ces erreurs imprévues parce qu'imprévisibles naissent des « mutants » nouveaux qui peuvent, à l'occasion, se révéler mieux adaptés à l'état du réel. De nouvelles espèces prennent tournure, s'incrustent et s'épanouissent. L'Évolution se poursuit. Dieu peut continuer à dormir et Darwin à sourire.

Aucune nécessité dans l'état de ce monde ni dans l'histoire qui y a mené. Plus exactement, aucune nécessité *globale*. Dans le détail et à chaque instant, il faut corriger la fantaisie de ces avènements par l'influence de la réalité déjà là, en définitive par l'irréversibilité du temps et la proximité des formes. Une nageoire de poisson se transformera plus facilement en patte qu'un œil ou une dent. L'Évolution ne fait pas marche arrière, pas plus qu'une bille sur une pente : « la chance » qu'elle le fasse par hasard est encore infiniment moins probable que celle qui a produit l'amélioration précédente, et l'ancien état ressuscité serait alors inadapté.

Cette invention progressive du réel sans aucun plan, par une succession d'erreurs impersonnelles, s'oppose absolument à l'idée de Création avant même qu'il ne soit question d'un Dieu. Il m'arrive en revanche d'y voir un extraordinaire chef-d'œuvre d'humour, qui vaut bien la légendaire Genèse biblique. Non ?

(Un « site de rencontres pour célibataires exigeants » diffuse depuis quelques années à la télévision un spot de publicité dans lequel une charmante jeune femme déclare avec conviction qu'elle ne veut plus « faire confiance au hasard » pour trouver le partenaire idéal, l'homme de sa vie. On lui souhaite bien du plaisir ! C'est n'avoir rien compris aux voies du bonheur, à la merveilleuse surprise d'une rencontre imprévue avec « un élu » à laquelle elle n'avait même pas osé rêver. Il est probable que sa recherche sur dossier, avec des listes de critères à cocher, la conduira à un état d'insatisfaction permanent, à la constatation des « qualités » absentes du profil du ou des malheureux sélectionnés. La raison est laborieuse, seul le hasard est divinement créateur.)

L'univers aurait pu être différent. À chaque seconde de son histoire, à chaque milliardième de seconde, s'ouvraient des milliards de chemins qui, s'ils s'étaient trouvés choisis, l'auraient conduit ailleurs qu'à « notre monde ». Pour autant, il est intéressant de méditer sur l'avènement retenu. Pourquoi ce présent-là, si tant d'autres étaient possibles ? Pour s'en faire une idée aussi vague soit-elle, il faut mesurer le jeu de deux mouvements contradictoires. D'une part, au fur et à mesure de la complexification de la matière depuis les premières molécules jusqu'aux organes et aux sociétés des êtres vivants, la loi commune est la reproduction de l'acquis : il n'existe qu'une centaine d'éléments atomiques ; deux ADN se combinent pour en donner un autre de la même espèce ; un couple humain engendre un petit humain ; les enfants ressemblent aux parents ; les élèves imitent leurs maîtres… D'autre part, et en revanche, le nouveau ne peut donc naître que d'un déraillement de ce processus, d'une « erreur » de hasard ou d'une invention décidée dans un laboratoire de génétique.

Comme au demeurant le montrent dans ce texte même quelques ornières creusées par des habitudes d'expression : entre autres, l'usage ci-dessus des mots « chemin » et « choix ». Le langage, les héritages, les idées reçues et les raisonnements convenus, les « évidences » plus ou moins frelatées, le « bon sens » auquel n'échappe pas Descartes lui-même, brident notre liberté de penseurs. À la vérité, il n'y avait pas de chemin ; rien ni personne n'a choisi. Le réel *advient*, en grande partie par hasard, dans un espace-temps sans programme, où les embranchements sont innombrables, infiniment sensibles, et à peu près toujours irréversibles, même dans l'instant.

Il vaut donc la peine de s'attarder un peu, sans craindre de rabâcher, sur ces jeux de la nécessité et du hasard, de la copie et de la nouveauté, de l'exactitude et de l'erreur, qui sont aussi faciles à exposer que difficiles à saisir. Il n'est pour s'en convaincre qu'à constater leur faible pénétration dans l'esprit de nos contemporains qui préfèrent chanter des cantiques…

Je lisais récemment un bel article de philosophie saluant l'arrachement aux modèles et pesanteurs du passé de deux de nos premiers écrivains qui se soient exprimés à la première personne, en osant un « je ». *Chez Montaigne, puis chez Descartes,* y notait-on, *l'individu n'est plus un simple exemplaire de l'espèce, apte comme tel à la représenter, mais un sujet assumant sa singularité.* Hélas, la phrase suivante posait que, chez l'un comme chez l'autre auteur, *le statut du "je" n'est plus déterminé par sa conformité à la raison, mais estimé relativement à un autre "je" singulier, le seul dont on soit assuré qu'il est : Dieu.* Du coup, si le talent des deux aventuriers n'était pas en cause, leur émancipation se trouvait singulièrement datée ! Ils ployaient toujours l'un et l'autre sous le Dieu de leurs pères.

L'intérêt de considérer l'évolution de la vie et l'histoire humaine comme une cascade d'imitations est paradoxalement de déplacer, sinon d'annuler tout à fait, le mystère de l'origine. Peu importe l'identité de la première fluctuation qui déclenche le *Big Bang*, peu importe le chemin emprunté d'erreurs en erreurs par la complexification progressive des organismes. La raison ultime qui prend la place d'un Dieu inutile et invraisemblable, c'est ce phénomène chaotique de réplications et de fourvoiements, de coups de poker, encadré par l'espace-temps dans lequel il se déploie et par les fameuses « lois » de la physique qui le gouvernent.

On lit souvent, sous des plumes critiques, que jamais une succession d'erreurs n'aurait pu produire un organisme aussi sophistiqué qu'un œil humain ; c'est là s'en tenir à l'idée (voltairienne) d'un plan préconçu par « un grand architecte » ; c'est ne rien comprendre à la sélection progressive (darwinienne), sur des milliards d'années, de milliards de milliards de surprises imprévues, en général mauvaises, mais quelquefois bonnes et retenues. À l'origine, ni l'idée d'un œil ni celle de la vue *ni celle de la vie* peut-être n'était là. Toutes sont nées, sont advenues.

D'autres disent que les mystérieuses *constantes* qui surgissent dans les équations des physiciens paraissent avoir été choisies à dessein, avec une précision mirobolante, pour que la vie soit possible : mais peut-on imaginer que, des neurones des physiciens, fussent nées des équations démontrant l'impossibilité de la vie ?… Je vous le disais bien que ce n'était pas si facile à comprendre !

Les « fluctuations » imprévues qui rompent la monotonie des reproductions n'annulent pas les contraintes basiques que les dimensions de l'espace, les lois de la géométrie et de la physique imposent aux formes des molécules. Dimensions et lois qui peuvent donc être vues comme des « réalités primordiales » – laissons les divinités à Hésiode – auxquelles il faut ajouter l'histoire des acquisitions passées… cette fois nées des fantaisies du hasard, mais finalement retenues, à jamais « durcies » : ce que j'ai appelé plus haut l'influence du réel déjà là. Un léger glissement dans la recopie de son ADN ne donnera sans doute pas à un animal vivipare des descendants ovipares ou « x-pares », porteurs d'une forme inconnue d'engendrement.

Certes, des conditions de vie, des exercices répétés peuvent modifier le corps. Un athlète culturiste prend vite une autre allure qu'un jeune homme paresseux ou malade qui passe la majeure partie de sa vie allongé dans son lit. Un étude publiée le 27 août 2014 dans la revue *Nature* explique que, si on les contraint à vivre et à se déplacer dans très peu d'eau, les mouvements de « demi-poissons » *Polypterus senegalus* dotés à la fois de branchies et de poumons finissent par entraîner une modification de l'emplacement des nageoires, une élévation de la tête et un allongement du squelette pectoral. On croit lire un article de Yves Coppens décrivant l'arrachement à la condition simiesque de Lucy, contrainte ou désireuse, pour apercevoir l'horizon ou pour cueillir un fruit, de se redresser sur deux pattes devenues deux jambes… Mais, pour autant, il serait erroné de se satisfaire de telles modifications qui n'affectent que l'anatomie d'un individu ; non son ADN, non sa descendance. Un champion de body-building pourra avoir un enfant malingre. Seule une mutation du patrimoine génétique, par hasard dans la nature ou désormais dans les éprouvettes des laboratoires spécia-lisés, peut entraîner l'apparition d'organismes nouveaux, capables ou non de se reproduire ; donc, d'une espèce nouvelle dans le premier cas. Pour qu'une transformation se perpétue, il faut une modification de l'ADN. Mais, une fois ce passage acquis, l'espèce ne s'installe que si sa nouvelle anatomie la rend plus forte, plus durable que ses concurrentes.

*

Il faut ici, à ce point de notre marathon, nous hydrater un peu et nous offrir une barre vitaminée… Une nouvelle dépense énergétique nous attend ! C'est que, pour faire un humain, il faut à la vérité ajouter à la base biologique nécessaire, dont nous venons de disserter, un héritage *culturel*. L'*homo sapiens sapiens* n'est pas seulement un organisme vivant, c'est un être doué et doté de langage. *Nous parlons,* ce dont précisément notre héritage biologique nous rend capables.

Où qu'il soit né, de quelques parents que ce soit, un bébé humain peut acquérir l'une quelconque des langues existantes ou plusieurs d'entre elles. Performance impressionnante lorsqu'on pense à la peine qui sera celle du même devenu adolescent sur les bancs du collège. Encore faut-il que l'occasion en soit donnée au jeune génie d'origine. Quelques petits malheureux que des tortionnaires ou un insurmontable destin ont privés de cette chance – Victor de l'Aveyron, Kaspar Hauser – n'ont jamais pu ensuite surmonter pleinement leur handicap. Or, chacune de ces langues n'est ni une richesse individuelle ni un marqueur de l'espèce entière. Les locuteurs du français sont plusieurs millions, mais tout le monde ne parle pas français. D'autres peuples, d'autres artistes, d'autres maîtres et d'autres esclaves, sont nés anglophones ou arabophones ou « sinophones ». Cet étage intermédiaire entre l'individu et l'espèce, aussi indispensable que les deux pôles qui l'encadrent pour définir l'humanité, est celui des *communautés* culturelles. (Le mot a mauvaise presse en France pour des raisons historiques, parce que la France s'est crue autorisée, sous plusieurs de ses régimes politiques successifs, à représenter l'espèce entière. Nous y reviendrons.)

Si le substantif « communauté » se flanque presque automatiquement de l'adjectif « culturelle », c'est parce que, si chacune se définit principalement par une langue, il faut y adjoindre tout l'ensemble des habitudes comportementales, des goûts culinaires, vestimentaires, des productions matérielles et artistiques, qui caractérisent ses représentants et qui, au demeurant, se trouvent nommées dans la langue en question. C'est pourquoi, à rebours, un idiome, toujours porteur d'une « vision du monde », donne vie dans ses locuteurs à une forme particulière mais complète d'humanité. Il n'y a pas toujours de mot dans une langue pour dire un concept forgé par un autre peuple. Ou bien ils affichent des caractéristiques différentes. « Lune » est masculin en allemand ; « soleil », féminin. Pour ne rien dire des partis pris des différentes syntaxes. Pas de personne, de temps ni de mode dans les verbes chinois. Impossible de traduire un futur en anglais sans le marquer d'un soupçon de devoir pour les premières personnes *(I shall)* ou de volonté pour les autres *(you will)*. Et qui dira la philosophie qui se cache dans le rejet, en allemand, du participe passé à la fin de la phrase ? *J'ai, cette femme, dans le jardin, ce matin...* mais encore ? A ce stade, on ne sait toujours pas si elle a été simplement *vue*, ou *embrassée, violée, tuée...*

Forts de ce langage qui nous définit, nous sommes capables de formuler des pensées. Nous pensons parce que nous parlons, et non l'inverse. Ce qui nous amène à la célèbre formule de Descartes, *cogito ergo sum*, « je pense, donc je suis », qu'on peut entendre de deux façons : ou bien « il faut bien que je sois pour penser » ; ou bien « le fait de penser me crée ». Dans l'un comme dans l'autre cas, on ne peut que trouver le mantra incomplet. Il y manque l'idée capitale que toute langue est un trésor collectif qui, certes, nous permet de communiquer avec des semblables mais aussi et d'abord de penser, même seul. Chez Descartes, la pensée « tombe du ciel ». À la vérité, pour qu'un individu isolé puisse se dire, seul devant son miroir, « je pense, donc je suis », il faut qu'il ait déjà rencontré les autres – que son corps, ses neurones, aient hérité de ses « semblables ». Sans doute même une idée n'accède-t-elle au réel que si elle peut être non seulement formulée, mais reçue et partagée ; pensée à plusieurs, au moins à deux.

Ce legs qui, d'un organisme biologique, fait un homme est tout à la fois une merveilleuse boîte à outil ; et une clôture qui peut transformer une société en prison, une chape qui grève la liberté du bénéficiaire en ne laissant fleurir que des pensées formatées. Allez donc vous dire occidental en Arabie saoudite ! écrire *Madame Bovary* si vous êtes né à Canton ! imaginer, dans l'Athènes de Platon, les principes de Confucius ! Certes, on peut partiellement exonérer de ces limitations les individus polyglottes et espérer quelques ténus miracles des opérations de traduction. Mais ce double visage de toute culture, à la fois geôle close et porte ouverte sur le monde, reste le dispositif général.

Le cas récent des deux jumelles Siam Peillon et Fabienne Gorge, d'origine vietnamienne, a illustré ce jeu entre biologie et culture d'une manière particulièrement émouvante. Nées identiques mais séparées à quelques semaines sans que personne n'eût gardé souvenir de cette double naissance, l'une fut adoptée, nommée, élevée, par une famille aisée de cadres lyonnais ; l'autre par des agriculteurs des Pyrénées Atlantiques, éleveurs de vaches et de chèvres. Ni les uns ni les autres ne savaient que leur fille avait sur cette terre un « clone » biologique ; les intéressées se croyaient uniques, encore qu'habitées par un vague sentiment d'incomplétude. Seul un hasard extraordinaire, mais surtout l'invention de *Facebook*, ont appris aux jumelles qu'elles étaient deux et les a de nouveau réunies. Côte à côte sur le plateau de l'émission *Salut Les Terriens* (Canal+, 18/01/2015), malgré des coupes de cheveux différentes, leur ressemblance restait stupéfiante : elles partagent jusqu'aux mêmes grains de beauté ! Mais… la lyonnaise parle un français standard tandis que la méridionale laisse percer une pointe d'accent chantant. Hé ! c'est qu'elle a participé aux fêtes de Bayonne ! L'une aurait pu être européenne et l'autre japonaise, elles se seraient pareillement ressemblées mais n'auraient guère eu de rêves à partager. Elles n'en auraient pas moins été l'une et l'autre des représentantes de la même espèce humaine.

Un humain peut exceptionnellement changer de culture, basculer d'une communauté dans une autre : ou bien volontairement ou bien en subissant les aléas du hasard. Mais le phénomène est rare parce que difficile, il est souvent voué à l'échec comme le montre les cas dramatiques de migrants qui ne parviennent jamais à se positionner entre leur origine et leur nouveau destin ; qui ne parlent plus aucune langue correctement. Quand le miracle s'accomplit, il peut être porteur d'une autre forme de mutation, culturelle celle-là, susceptible de gagner une fraction importante de l'humanité. Ce fut le cas du Christ, abandonnant la *halakha* juive de ses pères pour ouvrir l'ère chrétienne. (Encore qu'il soit permis de se demander si le vrai déclencheur de ce tsunami ne fut pas plutôt Paul de Tarse ; c'est pourquoi j'ai usé de l'appellation « Christ », et non pas « Jésus de Nazareth ».)

*

Notre méditation sur les réplications des molécules peut désormais s'élargir au champ des comportements humains où elles annoncent par analogie la formidable noria des « imitations ». Je ne fatiguerai pas mes lecteurs en tentant d'épuiser l'immense dossier des faits-divers et des études sérieuses sur le sujet : un tableau, un roman, imitent-ils la nature ? un élève progresse-t-il ou piétine-t-il en imitant ses maîtres ? quelle est la différence entre un disciple et un plagiaire ? est-ce bien l'imitation de destins romanesques qui conduit Don Quichotte à la folie et Emma Bovary au suicide ? Il suffira à notre rêverie de poser la question la plus fondamentale : un humain en formation peut-il se passer de toute imitation ? Assurément pas, et déjà dans les phases précédant l'émergence de sa conscience : pour acquérir le langage sans lequel il ne pensera pas, sans lequel il ne deviendra pas. La langue est une richesse collective, transmise de plusieurs à chacun.

En sautant deux millénaires après Platon et Aristote qui ont été les premiers à plancher sur la *mimésis*, on peut se contenter de retenir deux grands noms de penseurs modernes dans ce domaine. Gabriel Tarde (1843-1904) s'est surtout intéressé à « l'imitation par admiration » et attaché à montrer comment ce phénomène psychologique individuel pouvait avoir une dimension sociale et des conséquences massives. Le classicisme de ce point de vue n'entame pas pour autant sa justesse. Mais le sociologue a beau faire une place à la volonté contraire de différer et à l'invention dont il interroge trop peu la genèse, on ne peut qu'être tenté de remonter la chaîne des admirations pour se demander d'où sortaient les premiers modèles imités. L'histoire de la culture peut se résumer à un constant refus de la nouveauté, à un paysage morne sous un ciel étouffant, troué de temps en temps par d'inexplicables surgissements : au bon vouloir du Hasard, grand joueur à la roulette de la fluctuation... Innombrables ont été les créateurs, les penseurs originaux, persécutés par les institutions déclarées comme par les tribunaux souterrains de la doxa : quand ce ne seraient que Jésus (l'amour contre la loi), Giordano Bruno (la pluralité des mondes), Galilée (*eppur si muove)*, Diderot (l'Encyclopédie)... Les impressionnistes ont été refusés par les Salons officiels, Malevitch par les staliniens, tous les grands peintres du siècle par les nazis, Proust par Gallimard, Malcom Lowry par une noria d'éditeurs...

L'autre grand penseur de l'imitation, plus exactement du *mimétisme,* c'est René Girard (né en 1923) dont la position est plus troublante, sinon plus évidente, que celle de Tarde. Sa théorie pose « l'imitation du désir de l'autre », c'est-à-dire un mélange de jalousie et de

rivalité, comme le comportement humain le plus fonda-
mental. La force de cette réflexion est qu'il n'est pas
nécessaire ici de préciser quels sont les comportements
imités. Le mécanisme s'enclenche quel que soit l'enjeu.
Il est saisissant de suivre Girard dans la première partie
de sa construction. Implacablement, le philosophe parvient, à partir de ce simple point de départ, à faire surgir
du néant toutes les premières sociétés humaines, les
tribus primitives, les royautés antiques et les mythes qui
les ont soutenues. En revanche, la suite demande une foi
qu'on peut ne pas vouloir lui accorder. Ce règne universel de la violence se heurterait « un beau jour », c'est
le cas de le dire, à l'intervention du Christ qui, pour la
première fois et à jamais, révélerait « le mensonge des
bourreaux », c'est-à-dire des puissants. Tous les derniers
ouvrages de Girard tendent alors à se présenter comme
des démonstrations de l'existence de Dieu. J'ai moi-
même mené avec lui un dialogue serré qui a été publié
sous le titre *Quand ces choses commenceront...* Je
résumerai aujourd'hui ma critique en disant que sa
théorie présente le défaut plus généralement théorisé par
l'historien des sciences Karl Popper : elle n'est pas
démontrable parce qu'elle n'est « falsifiable » par aucune
hypothèse. Les évolutions historiques les plus contradictoires conviennent au prophète Girard : à le lire, les
avancées de la morale sont les conséquences heureuses
du message christique ; mais la montée des violences

mettent aussi bien en évidence l'action perturbatrice de ce même message sur les fausses paix diaboliques.

À ces subtilités difficiles à trancher, je me contenterai d'opposer les deux brèves phrases du romancier américain James Salter que j'ai déjà placées en exergue au présent texte : « *Tout ce que nous entreprenons, et même ce que nous ne faisons pas, nous empêche d'agir à l'opposé. Les actes détruisent leurs alternatives.* » Comprenne qui voudra. Que de mondes jetés par la naissance d'un seul !

Il est tout à la fois odieux et absurde de considérer après coup l'avènement *réel* d'une situation qui n'était que *possible* comme inéluctable ; de lire dans la victoire d'un aventurier politique ou d'une révolution la preuve que leur combat était juste. Hitler a finalement perdu, mais il a commencé par gagner, et il aurait pu perdurer s'il n'avait laissé ses démons le conduire sottement à sa perte : à quoi eût alors ressemblé le monde ? De l'URSS, qui aurait cru, après son établissement dans les années 1920 et 30, après sa victoire dans la Deuxième guerre mondiale, après le lancement du premier *spoutnik* et l'épopée de Gagarine, qu'elle s'effondrerait avant la fin du siècle ? Dix ans plus tôt ses adversaires comme ses partisans s'accordaient pour la juger éternelle… Qui aurait cru que des émeutes plébéiennes, quelques tracts et *tweets*, viendraient aussi facilement à bout des dictatures arabes ? que de ces printemps pleins d'espoirs naîtraient presque aussitôt des hivers assassins ? À l'heure où j'écris, on peut se demander si le moustique Hong Kong ne va pas communiquer quelque fièvre maligne au « géant du milieu ».

Il n'est pas jusqu'aux élections démocratiques elles-mêmes qui ne dépendent de minimes fluctuations en mettant en scène un dernier tour dont les deux candidats totalisent des scores très voisins. Un simple point d'écart sur cent – 50,5 contre 49,5 – peut alors conduire à l'établissement d'un régime très différent de ce qu'eût été l'alternative. Le cas est intéressant car, si le résultat est finalement le produit d'un hasard, en revanche le fait qu'il en soit ainsi, le fait que le hasard règne, est, lui, l'aboutissement d'une nécessité propre à la nature même de la démocratie. Pendant les décennies précédentes et pendant la campagne électorale, des partis se sont progressivement dessinés à droite comme à gauche, qui pourraient permettre de réunir le plus grand nombre de votants sans trop sacrifier les convictions de leurs militants ; autrement dit, en se rapprochant de la ligne de partage au centre de l'échiquier. Seule freine cette dérive l'existence du parti adverse qui opère symétriquement. Petit jeu qui aboutit finalement à un affrontement d'adversaires de poids équivalents. Le triomphe massif d'un candidat ou d'un mouvement est plutôt le signe d'une société totalitaire et d'élections probablement truquées. En Libye, le hasard passe par la rencontre d'une balle et de la tête de Mouammar Kadhafi ; en France, par quelques faux-pas de Nicolas Sarkozy qui offrent la victoire à François Hollande.

*

J'ai sans doute été un bon élève, mais je n'ai guère aimé l'école, tout au moins les écoles françaises que j'ai fréquentées. J'ai toujours ressenti les programmes qu'on me proposait comme des formes d'endoctrinement. J'étais certain ou je voulais croire qu'il y avait *à côté*, au-delà de cette république et de cette culture qu'on me peignait comme des modèles indépassables, d'autres mondes que je voulais connaître aussi. Aucun maître ne m'a séduit. J'ai dangereusement décidé, très jeune, de faire mes choix dans notre héritage culturel. Je considère présentement avec étonnement les lamentations de nombre d'intellectuels déplorant l'oubli des œuvres anciennes et l'érosion des « valeurs » passées : sont-ils certains que les richesses qu'ils pleurent méritent précisément ce nom ? L'inconnu m'appelle.

(Je préfère cette formulation à celle, plus violente, de l'inscription bretonne sur la « tour des Irlandais », dans le manoir nantais du mécène Dobrée : *An dianav a rog ac'hanon*, « l'inconnu me déchire ». Je ne suis certes pas un défenseur inconditionnel du « principe de précaution ». L'envie d'aller voir me taraude ! sans pour autant négliger toute prudence.)

L'une de mes plus belles découvertes a été la tournure d'esprit des juifs, jamais las de peser le pour et le contre dans leurs croyances, de remettre en question chacune de leurs propres affirmations, y compris l'existence de Dieu ou l'idée d'une Vérité unique : un comble pour des croyants monothéistes ! Célèbres et même fondatrices sont les controverses entre les plus grands talmudistes, comme celles qui ont opposé Hillel et Chamaï, des contemporains de Jésus. Parmi les trouvailles plus récentes, je prends plaisir à citer celle du rabbin Sébastien Allali qui propose que, dans la Genèse, l'interdiction de manger du fruit de « l'arbre de la connaissance du bien et du mal » ne viserait pas le désir de connaissance, mais le manichéisme, c'est-à-dire l'idée qu'il serait possible de diviser le réel en « bien » d'une part et « mal » de l'autre… Un peu tordu mais génial ? La pensée juive joue toujours sur le signifiant, sur le langage, en même temps que sur le signifié, sur le monde, puisque précisément le premier est notre seule voie pour avoir accès au second ; une voie toujours discutable, si nos sens et les mots peuvent « nous tromper ». L'hébreu écrit de la Bible manifeste particulièrement cette difficulté, ou cette richesse, puisqu'il ne note pas les voyelles. Des choix différents peuvent alors susciter une infinité de versions, pour ne pas dire de disputes. Il est au fond très étonnant qu'une telle pratique de l'ambiguïté ait produit une culture aussi stable ! Le vrai trésor des juifs n'est pas le texte de la Bible, mais leur habitude du commentaire, source de la pensée.

Il est enivrant d'entendre ou de lire des rabbins multipliant les associations de pensée, rebondissant d'une citation à une autre, d'un son à un sens, d'une référence biblique à une « valeur numérique » kabbalistique. Le moindre texte déroule alors d'infinis écheveaux. Je ne sais pas si quelqu'un a déjà fait remarquer que l'éclatement des « hypertextes » informatiques par des « liens » multiples peut être vu comme une extension de la pratique juive à l'ensemble de l'humanité.

Méditations qui appellent deux réserves. D'une part, je ne suis pas juif et je ne le serai jamais, tout au moins de naissance ; je ne vois pas l'intérêt d'un destin de converti, celui de frère me suffit ; je tiens à mon prépuce ! D'autre part, si cette manière d'être explique et justifie la place éminente des juifs dans l'histoire de la connaissance comme dans les médias actuels, leur fidélité paradoxale ne les expose pas moins que les autres, géographiquement, politiquement, aux abus de position dominante et de lobbying.

Dans son livre *Un jour je m'en irai sans en avoir tout dit,* Jean d'Ormesson raconte une histoire à laquelle il dit attacher beaucoup de prix : un grand rabbin également connaisseur du Tao chinois murmure sur son lit d'agonie que « la vie est une flèche » ; ses disciples, perplexes, entreprennent de courir les bibliothèques et de consulter d'autres savants dans le monde entier pour vérifier ou contredire cette affirmation qui les trouble ; au terme de cette cavalcade il apparaît certain que la vie n'est pas une flèche, conclusion respectueusement rapportée au mourant qui laisse alors échapper : « Oui, on peut le dire comme ça aussi : "la vie n'est pas une flèche" ! »

Sur un mode plus abstrait puisqu'il ne révèle pas l'affirmation controversée, le biologiste Henri Atlan, qu'on peut aussi dire talmudiste et kabbaliste, prolonge le paradoxe en ouvrant son livre *À tort et à raison* par le conte suivant : « Un maître rendait la justice entre deux plaignants devant ses disciples. Au premier qui exposait son cas, le juge après une longue réflexion décida de donner raison. Mais quand le deuxième eut fini de plaider, le juge, après avoir encore réfléchi longuement, l'approuva également. Aux disciples qui s'étonnaient alors que leur maître pût ainsi donner raison aux deux versions contradictoires des mêmes faits, le juge répondit après une nouvelle et longue réflexion : "En effet, vous avez raison vous aussi." » Atlan commente l'anecdote en disant qu'il existe plusieurs rationalités, notamment mythique d'une part et scientifique de l'autre, qu'il serait désastreux et absurde pour de bon de vouloir unifier. Le monde est riche de plusieurs vérités. Apprendre à coexister. Fuir les grandes synthèses qui prétendent tout expliquer en mélangeant tout : la religion et la mécanique quantique, la non-séparabilité et la télékinésie… Attendre qu'une raison supérieure unisse dialectiquement les contraires ou que, plus simplement, le temps les érode.

Il n'est que trop vrai que les oppositions doctrinales finissent par s'effriter. La France a été ravagée pendant des décennies par une guerre scolaire qu'on peut aujourd'hui juger bien inutile. Les deux écoles, laïque d'une part et chrétienne de l'autre, se sont rapprochées jusqu'à se ressembler comme des jumelles. Français et Allemands se sont entretués des siècles durant avant d'inventer ensemble une Europe fraternelle. *Quoi d'autre* que les disputes et les guerres ? Derrière les meurtrières et les chiffonnières, il y avait la paix.

*

J'en viens à une attitude plus difficile à défendre. Cette obsession du « *Quoi d'autre ?* » me mène souvent à considérer d'un œil dubitatif les productions passées proposées à notre adoration. Entendons-nous bien. Il est très difficile de poursuivre un tel examen sans se trouver suspect de prétentions, voire même d'animosités hors de mise. Comme tout le monde, j'ai de vives admirations : *L'Iliade* et *Don Quichotte* m'arrachent des frissons, des rires et des larmes ; toute l'œuvre de Borges m'éblouit ;

j'ai un faible pour des dizaines de romans et d'essais, de films, de tableaux ; pour… mettons pour la *Lolita* de Nabokov ! pas pour celle de Kubrick, tandis que j'aime à la fois son *Eyes wide shut* et la *Traumnovelle* de Schnitzler. Je ne veux pas imaginer que ces trésors pourraient n'être pas nés, ni envisager quelles ratures, quelles surcharges, seraient susceptibles de les améliorer. Mais, « à l'étage au-dessous », et sans m'attarder sur les entreprises qui se sont déconsidérées toutes seules comme les fausses sciences soviétiques ou même l'œuvre de Sartre, je me sens libre de questionner fraternellement l'intérêt de telle ou telle icône toujours réputée intouchable par l'Université comme par les médias : celui de l'*Ulysses* de Joyce par exemple, aïe ! de presque tous les films de Lang ou de Renoir, aïe, aïe ! Aucune méchanceté ni aucune prétention dans ces jugements : mais la simple expression de ma différence ; et l'ombre de mes préférences.

L'histoire de la peinture m'ennuie, entre le moyen âge et le XIXe siècle. Va pour un peu de mythologie et de christianisme, mais trop de Vénus et de Mars, d'enlèvements des Sabines, de Vierges éplorées et de Descentes de croix ont fini par m'éloigner des musées dans les villes où me conduisent mes pas de voyageur. Avouerais-je l'un de mes péchés majeurs ? J'aime bien les sculptures de Michel-Ange, son Moïse, son David, sa *Pietà* surtout, mais les couleurs de sa Chapelle Sixtine ne sont pas loin de me révulser. *La Cène* de Léonard de Vinci me paraît valoir davantage par son sujet que par sa technique picturale. Quel bonheur de voir enfin surgir, au terme du millénaire, sous les pinceaux de Corot, de Courbet, de véritables arbres et même un sexe féminin normalement luisant et « villeux » ! sous ceux des impressionnistes, des chatoiements du soleil et de l'eau…

Je suis un homme du temps présent. Aucune autre époque ne me séduit à l'égal de celle-ci. Les inventions du passé ne sont que de laborieux débuts à côté de celle des ordinateurs, de l'apparition d'internet et des réseaux mondiaux instantanés. Les choses commencent enfin. Dieu et ses premières ébauches plurielles n'ont qu'à bien se tenir. Innombrables sont les développements proposés avant Darwin en matière de science et de philosophie qui relèvent de la croyance, à la vérité de la sornette. Je ne vois pas pourquoi on n'aurait pas le droit de le dire, tout au moins de le penser. L'histoire des tâtonnements antérieurs peut certes fournir aux spécialistes de beaux sujets de thèse, mais ni l'ancienneté ni la survivance d'une conviction n'en fait une vérité, Copernic et Galilée ont eu l'audace de l'affirmer.

Pour autant, s'il est permis d'en considérer les idoles et les productions d'un œil critique, il reste que tout le passé de l'humanité est sacré, précisément parce qu'il a été le chemin du réel parmi des milliards de possibles ; la voie du présent. Comme est sacrée la vie de tout humain pacifique, même si je peux tenir telle ou telle de ses idées pour une illusion. Ce n'est pas un hasard si sont les mêmes, d'une part les bourreaux qui décapitent au couteau leurs semblables, et d'autre part les barbares qui détruisent à la dynamite ou au marteau piqueur les merveilleux bouddhas de Bâmiyân, les mausolées du Mali, les statues millénaires du musée de Mossoul. Pour eux, rien de ce qui a précédé la révélation de leur prophète ne mérite de survivre. Ne voient-ils pas, d'une part, que c'est pourtant dans ce monde qu'ils condamnent que ledit message s'est formé, et, d'autre part, que ce qui a suivi jusqu'à nos jours ne vaut pas toujours mieux ? que, si l'évolution est la loi du monde, le glissement et le retournement des paradigmes font celle de la science ? Où est l'annonce d'internet dans la Bible, dans les Évangiles, dans le Coran ? Et pourtant quelle invention a davantage fait pour l'épanouissement de l'individu, pour la saga en cours de l'*homo sapiens sapiens* ?

Ne rien oublier, mais savoir trier. Bien des questions résistent à l'oubli de Dieu : par exemple celle des rapports entre la pensée (les mots) et le monde réel (les choses) ; le statut des abstractions regroupant plusieurs manifestations concrètes ; donc, le nominalisme, « la querelle des universaux », etc. Le délire surgit lorsque les croyants entendent faire de ces méditations, qui peuvent tout aussi bien solliciter les athées, des preuves de l'existence d'un Dieu particulièrement concerné par le destin de l'Homme. Et de se perdre dans d'infinies disputes sur la matérialité de l'âme ou des Idées, sur les trois personnes cachées dans le Dieu unique, sur la double nature du Christ, etc. Ce n'est pas même l'idée d'un Dieu qui représente une démission de la pensée. Par exemple, si à l'exemple de Spinoza on en fait un autre nom de la Nature et si on traduit par son unicité l'interdépendance du monde physique et des organismes vivants, il ne s'agit en somme que d'une élégante opération langagière. « La faute », qui condamne à ne rien comprendre de l'apport de Darwin ni du rôle du hasard dans l'émergence du réel, c'est de s'en remettre à l'idée d'un Créateur à l'origine du monde. L'erreur, ce n'est pas le mot Dieu ni son unicité, c'est l'idée de « création ».

La résurrection des morts à laquelle continue d'ajouter foi la moitié de la présente humanité n'est pas mieux fondée que les légendes des anciens Égyptiens. Jérôme Bosch est un magnifique rêveur, mais non un maître à penser ! Le grand Maïmonide lui-même a failli perdre son latin ou plutôt son arabe dans ce débat : attaqué pour n'avoir pas clairement annoncé cet ultime miracle dans son célèbre *Guide des Égarés*, il a dû écrire tout spécialement une deuxième *Épître* sur le sujet pour se dédouaner aux yeux des orthodoxes de l'époque. Bien des chrétiens considèrent sans doute aujourd'hui cette perspective avec circonspection ; savent-ils que dans la *Première Lettre aux Corinthiens* saint Paul en fait la base même de leur credo ? « S'il n'y a pas de résurrection des morts, nous sommes de faux témoins et notre foi est vide » (XV, 13-16). Je veux bien qu'on croie ou qu'on ne croie pas : à condition que l'on sache à quoi on s'expose en s'engageant ! *Quoi d'autre* derrière le Dieu créateur des trois monothéismes ? la résurrection des morts. Et quelle conséquence à cette folle croyance ? l'enthousiasme des kamikazes se faisant exploser au milieu de foules pacifiques et se réjouissant des vierges qui les attendent au paradis…

*

On ne se souvient pas assez des origines rocambolesques de ce que nous tenons trop facilement pour des savoirs. Aux références académiques nous associons des images de nobles créateurs déjà statufiés, d'austères bibliothécaires ; quand nous devrions souvent penser à des plaisantins, voire à des filous experts en poudre aux yeux ou en solutions criminelles. Je suis tenté de rejoindre Nabokov, déjà cité, pour penser avec son personnage de *Laughter in the dark* (« *Rire dans la nuit* »), que « tout ce qui a été créé en matière d'art, de science ou de sentiment, n'est guère qu'un truc plus ou moins habile », que le plaisir suscité par une œuvre peut souvent s'assimiler à « l'agréable sensation d'être complice d'une conspiration et d'un génial charlatan ».

Je suis perplexe devant certains aveux et raccourcis de Descartes, que ses thuriféraires passent un peu trop sous silence. Le champion du rationalisme à la française aurait selon son biographe en soutane reçu la vision de sa célèbre « méthode » par l'intermédiaire de trois rêves. Il ouvre lui-même son célèbre *Discours* par deux phrases pour le moins troublantes, qui posent que « le bon sens est la chose du monde la mieux partagée » et que cette affirmation est donc suffisamment prouvée si chacun sent que c'est vrai… On retient sa promotion du calcul analytique, sa crainte d'être abusé par ses propres sens, son fameux *« je pense, donc je suis »*, encore qu'il eût fallu y ajouter une méditation sur le langage, médium collectif et non plus individuel, qui lui permet de penser. Mais il a également soutenu mordicus la matérialité de l'âme. Ses pseudo-démonstrations de l'existence de Dieu sont un summum de tautologie et finalement d'esbroufe. On lui accordera volontiers l'honnêteté d'avoir lui-même publié les objections de ses contradicteurs ; mais précisément je suis plutôt d'accord avec Hobbes.

Même retrait face à *L'Éthique* de Spinoza dont la formidable gratuité me laisse pantois. Quel crédit accorder à une construction qui commence par des définitions arbitraires (« substance », « attributs »), se poursuit par des axiomes non démontrés, puis par un jeu combinant les uns et les autres pour aboutir à des mantras renversants comme la *proposition XX* : « L'existence de Dieu, de même que son essence, est une vérité éternelle » ? Même si le Dieu en question se révèle être la Nature plutôt qu'Adonaï ou Jéhovah, on a du mal à poursuivre. On peut certes avoir de l'empathie pour les maîtres *en leur temps*. Mais aujourd'hui il ne faut pas craindre de juger les catéchismes, tout au moins dans son for intérieur sinon devant les tribunaux de la *doxa*.

Entendons-nous bien. Je ne considère pas les méditations de Descartes ou les constructions de Spinoza comme des stupidités. Je pense même le contraire, je les tiens pour des merveilles d'intelligence. Je prends bien du plaisir à suivre les circonvolutions de leurs discours, à me glisser dans leurs cerveaux respectifs, pour apercevoir pourquoi ils ont élaboré et suivi cet itinéraire mental. (C'est un de mes péchés mignons : au cinéma aussi, je m'intéresse autant à la manière dont l'auteur a construit son récit, dirigé ses acteurs, qu'à la seule histoire contée. Il m'arrive souvent de me demander quelle est, dans une scène, « l'identité de la caméra », d'où tombent ces images, ou comment les scénaristes, après telle ou telle entourloupe, vont bien pouvoir refermer leur fable.) Je veux simplement dire ici que je ne tiens pas les œuvres de ces deux géants de l'esprit, Descartes et Spinoza, pour plus *nécessaires* que toute production sans auteur repérable, décantée dans le réel au fil des aléas de l'Histoire. Elles aussi auraient pu ne pas être, tandis que seraient apparus de tout autres monuments de l'esprit, également dignes d'admiration. Aucune nécessité ni dans l'état du monde ni dans les modifications qu'entendent y apporter les génies reconnus ; il y en avait des milliards d'autres possibles.

Rousseau n'a pas été que le jeune errant sympathique ni le vieux râleur solitaire que la postérité a voulu retenir : il s'est fait dans *Le Contrat social* le théoricien de la Terreur à venir et du stalinisme à suivre, prévoyant entre autres douceurs la mort pour tout contestataire de l'ordre politique ; avant de devenir fou et de déposer son dernier manuscrit sur l'autel de Notre-Dame pour être au moins reconnu de Dieu et du Roi, sinon de ses semblables… On se demande comment des démocrates contemporains, qui font de la suppression de la peine capitale l'un des fondements de leur credo, peuvent se recommander aveuglément d'un penseur aussi problématique. Comme tout le monde, je l'aime bien, Jean-Jacques, dans ses faiblesses, dans ses douleurs, voire dans ses prétentions. Mais, si je le rencontrais dans un meeting, je lui dirais : « Eh ! oh ! camarade !… »

Les gardiens des programmes universitaires ne se permettent toujours pas de dénoncer comme des blagues dignes de Coluche certaines propositions d'intouchables « savants », telle par exemple la théorie du désir que Platon fait exposer par Aristophane dans *Le Banquet*. Les humains auraient eu autrefois des corps sphériques dotés de quatre jambes et de quatre bras et se seraient répartis en trois « genres » : les mâles, les femelles et les androgynes. Craignant leur mauvais esprit, Zeus aurait décidé de les couper en deux, de haut en bas, en séparant l'avant de l'arrière. Mais, pris de remords, le dieu suprême aurait passé commande à Apollon d'opérations de chirurgie réparatrice : les blessures auraient été recousues, fermées par le nombril ramené en façade de même que les visages et les organes sexuels. Ainsi l'humanité hétérosexuelle serait finalement constituée par les moitiés mâles et les restes femelles des androgynes tranchés… qui n'auraient qu'une envie : celle de se recoller pour reconstituer l'ancêtre d'origine ! On se pâme devant une telle subtilité. Quant aux mâles sphériques originaux, ils donnent, coupés en deux, les homosexuels masculins, dont Platon fait des intellectuels et des gouvernants parfaits puisqu'ils ne perdent pas leur temps à rechercher des femmes… Les demi-boules femelles qui engendrent les « tribades » n'ont droit qu'à une phrase. Le cas des hermaphrodites et celui des transsexuels n'est pas évoqué.

Une autre raison que la timidité retient sans doute depuis vingt-cinq siècles professeurs et maîtres penseurs de s'esclaffer devant ce torrent d'inepties : c'est que la formation du premier couple dans la Genèse biblique n'est guère plus vraisemblable. Accordons-lui au moins une plus grande élégance et une fertile obscurité. La double naissance d'Ève soulève de passionnantes questions dont d'innombrables commentaires ne sont pas venus à bout.

La science paraît par nature moins dépendante que la philosophie des élucubrations humaines : mais ce n'est peut-être pas si simple, nous disent ses propres théoriciens. On ne peut contester la réalité des accomplissements de « sa fille » la technologie, encore que ce lien généalogique ne soit pas déjà sans faire question : les Chinois n'ont pas attendu la naissance de la chimie et la publication de la table de Mendeleïev pour inventer la poudre à canon. Les Indiens d'Amazonie savent fabriquer du curare et sont assurément meilleurs au tir à l'arc que les ingénieurs de la NASA. Mais nombreuses et massives sont les questions que les théories les plus achevées laissent sans réponse comme celle des fameuses « matière noire » et « énergie sombre » inconnues, qui pèsent vingt fois plus que l'univers que nous savons voir. Les scientifiques aussi ont subi l'influence des légendes passées, et certains rebelles ne veulent pas se faire à l'idée du fameux *Big Bang* qu'ils trouvent trop semblable à la Genèse biblique pour être tout à fait honnête. Il n'y a pas si longtemps qu'ils ont introduit le flux irréversible du temps dans leurs équations ; qu'en subissant le trauma de la « sensibilité aux conditions initiales » ils ont compris que le hasard avait régné sur l'Évolution passée et qu'eux-mêmes, en apprentis sorciers, cherchaient à prévoir d'imprévisibles avenirs. Une infime différence au départ, un parasite infinitésimal, et une trajectoire peut se trouver totalement changée. Comme il y a plus de trois astres dans l'univers – trois ! et il y en a des milliards – les astronomes ne peuvent pas calculer si la Terre ne va pas un jour quitter son orbite autour du soleil et partir à l'aventure…

Depuis les révélations de Charles Darwin et celles d'Ilya Prigogine sur l'irréversibilité du temps et la créativité du hasard, « l'Éternel retour » de Nietzsche et les cycles chers à Borges ne sont plus que de séduisantes beautés fanées, des facilités un peu toc, qui ne doivent sans doute leur survivance qu'à la difficulté de percer leur sens exact chez leurs inventeurs eux-mêmes ! S'il s'agit simplement de préférence accordée à la vie contre une mort sans retour, nous sommes d'accord, mais c'est alors *much ado about nothing,* beaucoup de bruit pour pas grand-chose.

Cela dit, les maîtres en ignorance sont assurément les économistes ! 160 dollars le baril de pétrole en juillet 2008 ; « 200 dollars en vue », annoncent les meilleurs experts ; et puis, six mois plus tard, une dégringolade au-dessous de 40. Ces cancres deviendraient sympathiques s'ils s'avouaient à peu près aussi pertinents que les augures d'autrefois. Modérons pourtant le pessimisme de cet aperçu en ajoutant que, contrairement aux pythies contemporaines qui s'inquiètent de ces égarements et les

tiennent pour des signes avant-coureurs d'une catas-
trophe, on peut les voir comme les coups de théâtre d'une
ébauche à suspense. Nous aimons ne pas connaître à
l'avance l'issue d'un thriller : pourquoi ne pas jouir aussi
bien des incertitudes de la vie ?

Aujourd'hui, la science est devenue suffisamment
puissante pour se mettre elle-même à distance, pour se
soupçonner de tautologie. Nous savons que le seul fait
d'observer modifie l'objet observé, l'invente même *en
partie* en le conformant d'avance aux principes qui
guident notre réflexion. Le langage qui fonde la différence et la noblesse de l'homme échoue à qualifier la
lumière d'onde ou de flot de particules. Le chat qui sert
d'animal fétiche aux théoriciens n'est vivant ou mort que
si Schrödinger le regarde ; sinon, il est les deux à la fois.
On en vient à se demander si le fameux boson de Higgs
existe bien sans la monstrueuse machine construite pour
le révéler. « Le réglage des constantes » qui s'impose aux
chercheurs pour que l'univers soit ce qu'il est et que la
vie ait pu y apparaître, laisse perplexes les plus ratio-
nalistes d'entre eux. Dans cet *« en partie »* bien obscur
qui m'est venu ci-dessus réside notre fragile espoir qu'il
existe quelque chose en dehors de nous, qui ne dépende
pas de notre regard et ne nous ait pas attendu pour être.
Ce débat a opposé pendant des décennies Einstein et
Bohr, et la physique moderne a plutôt donné raison au
second ; comme lui, les chercheurs, dont le projet est

pourtant de faire rendre gorge à la réalité, se contentent de penser que nous ne pouvons rien dire de l'existence d'un monde indépendant de nos perceptions et de nos mesures. Logiquement, ils ont raison. Mais on ne peut s'empêcher de penser qu'il y a quelque chose de troublant dans cette mise en question du réel à l'endroit même où nous le sommons d'apparaître. Ne désespérons pas pour autant de la nature des choses. Soyons des autistes gais !

*

Comment me laver, après ces quelques crimes de lèse-majesté, de tout soupçon de « psychose messianique » ? Détruire est une étape ; proposer demande un tout autre talent. Clairvoyance n'est pas fécondité. Le petit garçon qui voyait que le roi était nu n'aurait pas forcément fait pour autant un bon premier ministre. Je n'ai pas de solution nouvelle à proposer aux impasses du monde, je me permets simplement de dire ce qui me paraît irréel dans les mirages dont on nous aveugle. Peut-être me lira-t-on d'un œil plus conciliant si je confesse cette fois quelques admirations parmi nos prédécesseurs. Deux seulement ici aussi, pour ne pas jouer au faux modeste ; pour ne pas prétendre redessiner toutes nos échelles de valeurs.

À Rousseau, un peu maltraité ci-dessus, je

préfère Diderot qui s'est mieux libéré du carcan des idées, des formes littéraires et des mœurs passées. Il est culotté, le Denis ! quand il va, dans la *Suite de l'Entretien* (entre Julie de Lespinasse et le docteur Bordeu) jusqu'à vanter la masturbation, voire même, entre les lignes, la zoophilie… S'il paraît quelquefois un peu confus dans ses méditations sur les phénomènes et leurs évolutions, c'est parce qu'il pressent, sans avoir encore les mots et les concepts pour les dire, des problématiques qui deviendront celles de la science au XXe siècle. *Jacques le Fataliste, Le Neveu de Rameau* et même *Les bijoux indiscrets*, tout en racontant des histoires, questionnent les formes littéraires deux siècles avant Joyce, avant Barthes et le Nouveau Roman.

Plus près de nous, je rendrai un hommage appuyé au prophète passablement méconnu qu'a été Ivan Illich (1926-2002) : un prêtre bientôt en difficulté avec une Église dogmatique comme avec toutes les universités encroûtées, un penseur d'une extraordinaire audace, capable de signaler aux statisticiens aliénés le « travail fantôme » des chômeurs et des femmes ; ou même d'en appeler, puisque l'école ne fait que conforter les privilèges des puissants, à un monde radicalement « déscolarisé »… L'apport principal d'Illich, c'est la notion de *contre-productivité* : au-delà d'un certain seuil, un progrès né d'une uniformisation peut se muer en une mortelle récession. La possession par chacun d'une automobile, tout d'abord génératrice de liberté, finit par créer les embouteillages qui empêchent lesdites autos de rouler. Les foules de bacheliers constatent que leur diplôme leur donne surtout le droit de pointer à l'ANPE. Les médicaments valent aux patients autant d'effets secondaires désastreux que de bienfaits. L'hôpital invente de terribles maladies « nosocomiales ». Etc. Le récent prix Nobel français d'économie Jean Tirole ne disait pas autre chose, au lendemain de sa nomination, en faisant remarquer que, si le contrat de travail à durée indéterminée, CDI, protège celui qui en bénéficie, il retient en revanche les employeurs d'embaucher de nouveaux salariés qu'il ne pourra plus licencier si nécessaire et contribue donc finalement à la stabilisation… du chômage !

Il me semble que les visions d'Illich sur l'enchaînement des bienfaits et des perversités du « progrès » l'emportent largement, en théorie et en pratique, sur la pompeuse *fatwa* de Heidegger contre « la technique ». Le philosophe allemand nous laisse, pour toute consolation, avec un « Être » massif sur les bras. On a envie de lui dire qu'on nous a déjà fait le coup de ce genre de sermon ; et de retourner auprès d'Illich essayer des solutions décentralisées, libérées de tout monopole.

*

Laissons là temples et laboratoires, et revenons à des espaces moins cadenassés. En commençant cependant, pour faire taire les censeurs patentés, par une mise en bouche empruntée à Claude Lévi-Strauss dans son brillant opuscule *Le Père Noël supplicié*. Au fond, y soutient-il, dans toute société, les non-initiés – les femmes et les enfants lorsque règnent les mâles adultes – « représentent la réalité », du fait même qu'ils sont tenus à l'écart de la mystification des rituels. À méditer par tous les pontes et matamores, pendant leurs insomnies…

Est-il licite et judicieux de continuer à deviner autour de nous, sous notre vie quotidienne et les dogmes sociaux, derrière les discours convenus et les écrans des médias, à côté du présent, d'autres possibles qui pourraient ranimer nos espoirs et ouvrir des chemins vers des avenirs inconnus ? des bouquets de destins, invisibles si on ne les cherche pas, mais pesants comme cette matière noire qui tisse l'univers ? Je le crois. Il serait certes exagéré de qualifier de « vérités interdites » les exemples squelettiques que je m'apprête à présenter ici. Une telle annonce pourrait laisser croire que d'horribles censeurs seraient responsables de nos aveuglements : des gardiens de la doxa et de la langue de bois, qu'il suffirait donc de honnir pour retrouver lucidité et conscience pure. Cette facilité trompeuse fait précisément partie des erreurs qu'il me paraît utile de dénoncer. J'entends plutôt relever quelques « vérités difficiles » – parmi mille – qui ne doivent leur étouffement qu'à des réflexes de paresse intellectuelle, de conformisme, d'autocensure ; à une forme de terreur d'autant plus insidieuse et plus puissante qu'elle est tapie, personnelle, en chacun de nous, et qu'elle se pare des atours de la démocratie.

L'une des difficultés de ce genre d'exercice est qu'il contraint presque automatiquement à passer par des confidences, par des détails autobiographiques toujours menacés d'insignifiance. Je ne suis légitime que si je conte sans mentir ce que je ressens, ce qui m'est arrivé, mais sans prétendre pour autant que ces impressions, ces péripéties, puissent valoir pour tout autre destin. Je m'expose alors à voir les plus universelles de mes convictions taxées de rodomontades ridicules ou de particularités négligeables. Avançons, nous verrons bien.

Première station, éminemment scabreuse. Le thème de la peine de mort a déjà surgi plus haut sous ma plume. Je ne rejoins certes pas Rousseau pour en faire un verdict applicable à des opposants politiques... ni François Mitterrand qui a fait décapiter de nombreux nationalistes algériens quand il était « ministre de la justice » en 1956 et 57. En revanche, hors des périodes de guerre et du champ politique, il m'arrive de penser que certains criminels abominables, les bourreaux d'enfants notamment, ne méritent rien d'autre. Ce n'est pas que je haïsse ces monstres, ni que je déplore le coût pour la collectivité de leur maintien en vie ; c'est une question de conscience et de contrat là aussi. Les assassins devraient mesurer les rigueurs de la loi, la règle du jeu social, lorsqu'on franchit certaines limites. *Quoi d'autre ?* Plus rien pour ceux qui ont eux-mêmes supprimé la question à l'aube d'autres existences que la leur. Au demeurant, il y a quelque chose d'absurde à voir de jolis cœurs, des experts en miséricorde, s'effaroucher d'une condamnation isolée tout en vantant l'efficacité de nos « forces spéciales » sur des terrains guerriers, c'est-à-dire proprement l'aptitude à tuer de ces « soldats d'élite ». Pour ne rien dire des dévots de la république qui célèbrent chaque année la décapitation de Louis XVI en mangeant de la tête de veau... Si je me résous à la proscription de ce châtiment – à la suite de Robert Badinter dont je ne partage pas, par ailleurs, les raideurs jacobines – c'est par horreur des moyens de l'appliquer, notamment de l'abominable guillotine, et par crainte de possibles erreurs judiciaires : mais non par conviction philosophique ou religieuse.

L'un des péchés de la démocratie, ou tout au moins de la république française, tient à l'écrasement des situation réelles, qui mobilisent les consciences, sous les masses abstraites de règles générales qui asservissent lesdites consciences. Il faut se donner de tels principes directeurs, mais en sachant *vaguement* qu'ils pourraient ne pas résister à une occurrence particulièrement atroce ;

à un événement imprédictible, donc par définition inimaginable par les plus subtils des juristes. Ni la religion juive ni la constitution de l'État hébreu n'interdit la peine de mort, mais Israël ne l'a appliquée qu'une seule fois, dans le cas d'Adolph Eichmann ; événement qui peut donc être présenté à l'inverse en disant que l'État hébreu est globalement abolitionniste, mais qu'il s'est résolu une fois à faire exécuter un bourreau nazi. Toutes subtilités étrangères à l'esprit français : au pays de Robespierre et de l'abbé Grégoire, ou bien la peine de mort est légale, et on guillotine allègrement, ou bien elle ne l'est pas, et on garde éternellement en vie les plus abominables des bourreaux.

Ce respect sans nuances de lois « universelles » mène souvent les théoriciens jacobins à des aveuglements qui les coupent de la vie. Au nom de la sacro-sainte égalité de tous, il est interdit de produire des statistiques ethniques : et tant pis si les citoyens d'origine africaine ou antillaise font l'objet de dix fois plus de contrôles d'identité décidés « au faciès » par les policiers en patrouille. Interrogé sur l'utilité de ses lunettes (« Le Supplément », Canal+, 21/12/2014), le brillant entrepreneur Ramdane Touhami a répondu qu'elles n'étaient qu'un moyen d'échapper aux interpellations : « les CRS n'arrêtent pas les maghrébins à lunettes ! »

Plus scabreux, mais philosophiquement intéressant : en décembre 2014, la présidente du Front National (à laquelle ne me lie aucune complicité) évoque sur RMC, en réponse à une question sur la torture, le cas d'un poseur de bombes avéré qui pourrait révéler sous la contrainte où se trouvent les engins menaçant des centaines de victimes potentielles. Toute l'intelligentsia bien-pensante se contente de proclamer que Marine Le Pen est favorable à l'emploi de la torture ; ce que celle-ci s'empresse de démentir sans détailler davantage sa position. Pèse bien sûr sur elle l'exemple de son père qui a, dit-on, pratiqué des interrogatoires « musclés » pendant la guerre d'Algérie. La dispute politicienne évacue le débat sur le fond. Personne ne convient que le problème est sérieux, mais ne remarque davantage qu'il est interdit de s'y atteler hors d'une situation réelle. Si l'on accepte a priori l'idée que l'usage de la torture peut être licite « dans certains cas », il est fort probable qu'on verra se multiplier des excès tels que ceux couverts par la CIA après les attentats du *World Trade Center*. Le principe sert de conscience aux acteurs. Pour surmonter – bien imparfaitement – la difficulté, il faut proclamer l'interdiction de cette pratique, tout « en se disant sans le dire » que, si l'aveu d'un terroriste détenu peut sauver des vies innocentes, il appartiendra à ses gardiens de décider individuellement dans l'instant, *en conscience* justement, de leur propre comportement. Beau sujet pour une dissertation de baccalauréat, si les inspecteurs de l'Éducation Nationale voulaient bien se souvenir que les élèves sont et seront des acteurs du monde réel !

Deuxième exemple qui, pour être éminemment d'actualité, n'en rejoint pas moins nos méditations sur l'ouverture d'autres mondes, sur la nature du réel, sur l'existence et la non-existence : le fameux « mariage gay » et les questions annexes qui sont à vrai dire majeures, la « procréation médicalement assistée » et la « gestation pour autrui ». J'entends bien que les couples hétérosexuels et homosexuels bénéficient de droits strictement équivalents sinon identiques. Mais je tiens pour une erreur d'avoir nommé l'union des seconds du même mot de « mariage » que des siècles d'usage avaient réservé à celle des premiers. Encore un ravage de l'unité confondue avec l'uniformité ! J'ai compté dans mes amis il y a une trentaine d'années un couple de garçons, dont l'un tenait un salon de coiffure, tandis que l'autre était un intellectuel de haute volée publiant livre sur livre et inondant les médias de tribunes sur le combat des homo-sexuels. Leur discours à l'époque consistait à revendiquer du même allant égalité de traitement et *différence d'être*. Il m'a semblé que l'abandon de cette position élégante pour sombrer dans le marais commun du mariage était une perte, une chute.

Quant à la PMA et à la GPA, si tous les participants sont libres de leur choix, et ils le sont nécessairement, je ne vois pas comment on peut imaginer de s'y opposer. Ce sont des chemins de liberté, de vie, de création, qui permettent à des humains différents ou handicapés de franchir des obstacles dressés par la Nature. Au nom de qui ou de quoi leur interdire cet accomplissement ? au nom du Dieu de leurs censeurs ? Je me demande de quel côté sont la miséricorde et l'amour du prochain… Argumenter que des rejetons de parents de même sexe, désirés, inventés, choyés, élevés par eux, « ont droit » à un père et une mère est une absurdité inégalable. Précisément, ils n'en ont pas, c'est ainsi. Mais ils sont vivants, ils sont là, ce sont des humains. Bien des enfants de couples homosexuels sont plus heureux que des gamins de bidonvilles. S'opposer à la GPA, c'est en définitive refuser que ces enfants existent, les priver de vie ; leur retirer radicalement, puisqu'il est question de « droit », celui de naître. Est-ce que Dieu le Père et Jésus-Christ sont d'accord ? (J'ai entendu un plaisantin remarquer que la Vierge avait été mère porteuse pour le Créateur !) Aurait-il fallu aussi interdire d'être mère à la Suédoise qui, née sans utérus, avait bénéficié de la greffe d'un organe offert par une autre femme ?

Refermons là ce catalogue troué qui éclaire cependant notre problématique, notre recherche d'altérité, et reprenons un peu de hauteur. Poser un *Quoi d'autre ?*

— c'est cultiver la pluralité, s'abstenir d'effacer des possibles. Lorsqu'il ne s'agit pas d'une simple donnée, la revendication d'unité, c'est le programme de Dieu, des messies, des moralistes ; et c'est le piège du diable, des tyrans qui l'assistent. Bien sûr, peut-on et doit-on considérer que tous les humains appartiennent à la même espèce. Mais, dès que l'on descend au niveau des entités différenciées ou construites, des ethnies et des nations, ce bel idéal d'égalité devient source d'uniformisation, d'« assimilation » forcées. Dès lors, l'oppression, voire le racisme, ne sont pas loin : le contraire du rêve dont on est parti.

— c'est ne jamais laisser une démonstration, une victoire, réduire l'immensité du réel. Ne pas croire en un Dieu personnel, ou même ne pas croire en quelque dieu que ce soit, ne fait de mal à quiconque. Mais muer son incroyance en un « traité d'athéologie », c'est risquer d'emprunter un chemin de haine, de tenir les croyants pour des sous-hommes stupides ou abusés ; donc, d'abandonner le mérite de l'amour universel à ceux que l'on combat. Le démocrate aussi aime tout le monde, même ceux dont le bulletin de vote ne ressemble pas au sien.

— c'est, à l'issue d'une élection, ne pas laisser les 51% des vainqueurs occulter les 49% du reste. Lors d'une prise de pouvoir par une faction violente, c'est garder en mémoire la culture sous-jacente du peuple, ses traditions d'altruisme et de grandeur d'âme. Remarque qui s'applique particulièrement à l'Allemagne et à l'Autriche pendant l'ère nazie et la guerre mondiale. Il n'y avait pas de pays plus cultivés en matière de littérature, de philosophie, de sciences. Si toutes ces richesses ne les ont pas et ne nous ont pas préservés de l'horreur, l'inverse est aussi vrai. Hitler n'a pas effacé Goethe, Mozart, Schubert, Stefan Zweig ; ni le Wagner du *Ring*, de *Tristan et Iseut*. Je ne me suis jamais fait à l'idée que tous les Allemands de l'époque n'étaient que des monstres bons à tuer.

*

Sans doute étais-je voué plus que d'autres, en raison de mon origine, à mesurer ce hiatus. Je suis né, chers Renaud Camus, Alain Finkielkraut, Marine Le Pen, d'une lignée d'authentiques « Français de souche » dont la langue quotidienne, jusqu'au début du XXe siècle, n'était pas le français mais le breton. Plus de deux cents ans après la Révolution, la question reste absurdement douloureuse. Innombrables sont les études montrant que le bilinguisme précoce est favorable au développement des enfants, inégalé est le taux de réussite des lycéens *Diwan* au baccalauréat. Mais toujours les bretonnants sont suspectés d'être de moins bons Français, nostalgiques de l'Occupation allemande. Le vote récent des députés, que devraient rejoindre les sénateurs, en faveur de la ratification de la Charte des langues régionales pourrait bien s'avérer en définitive n'être que le piège ultime des « jacobins » s'il aboutissait à faire inscrire dans la Constitution, et pas seulement dans des éditoriaux rageurs, des réserves à l'utilisation de ces langues. J'ai écrit deux ou trois livres sur le sujet, je ne vais pas y revenir longuement. Une évocation suffira à poser le problème dans toute son étendue et sa complexité : celle du fameux abbé Grégoire, député du Tiers état à la Constituante. La bonne foi du héros ne fait pas question. Pour la première fois, en France et peut-être dans le monde, un représentant propose d'abolir la traite et l'esclavage des Noirs, qu'on appelle encore les « Nègres » à l'époque. C'est le bon côté du rêve d'unité. Mais d'un même élan il publie deux autres opuscules plus discutables, c'est le moins qu'on puisse dire, dont l'un détaille « la nécessité et les moyens d'anéantir les patois » et l'autre de procéder à « la régénération physique, morale et politique des juifs ». *La régénération physique*, on a bien lu. Ce dernier thème est particulière-ment saisissant. Grégoire et ses amis proposent d'offrir la citoyenneté française aux juifs… à la condition qu'ils renoncent à leur différence, c'est-à-dire à ce qu'ils sont. « Tout aux individus juifs mais rien à leur nation », s'écrie absurdement le conventionnel Clermont-Tonnerre qui ne veut pas voir que sans cette « nation » (cette communauté) il n'y pas plus d'individus non plus. On me permettra de penser que cet héritage n'a pu que s'ajouter au vieil antisémitisme chrétien et à celui des occupants nazis pour valoir aux juifs français le traitement que l'on sait pendant la Deuxième guerre. Or, ces ambiguïtés dangereuses sont loin d'être levées chez les hommes politiques et les penseurs les moins suspects de racisme, comme le montrent par exemple l'hommage d'Alain Badiou à saint Paul « fondateur de l'universalisme » ou les silences de Jack Lang dans son discours de réception de l'abbé Grégoire au Panthéon le 12 décembre 1989. *Quoi d'autre* derrière la citoyenneté française des juifs ? l'Affaire Dreyfus. *Qui d'autre* derrière le Grand Architecte cher à Voltaire, l'Être Suprême de Robespierre et le Dieu de Maurras ? René Bousquet.

(Toutes ambiguïtés meurtrières qui ne sont pas, bien sûr, uniquement propres à la France. *Quoi d'autre* derrière l'*habeas corpus* des Anglais ? l'abominable traitement qu'ils ont, des siècles durant, réservé à leurs voisins irlandais. *Quoi d'autre* derrière le catéchisme démocratique des Américains ? le massacre de leurs populations indigènes.)

Un détail amusera sans doute les esprits assez libres pour ne pas craindre les terrains minés. On le sait, certains intellectuels bretonnants se sont accommodés des occupants allemands qui n'ont pas manifesté pour leur culture le mépris séculaire des Français. Il me semble que jusqu'en 1942 il est difficile de le leur reprocher, voire jusqu'en 1944 dans certaines zones comme celle où vivait ma famille, lorsque aucune violence ne s'y était encore déchaînée. Dans le domaine linguistique, le personnage central fut Roparz Hemon, professeur d'anglais au lycée de Brest avant de devenir le grand rénovateur de la langue bretonne, auteur d'innombrables essais, romans et dictionnaires, traducteur de Shakespeare, de Tchekhov, puis pendant la guerre producteur d'émissions radiophoniques culturelles autorisées et même financées par les nouveaux maîtres. Je ne rouvre pas le procès. Les Allemands étaient de tradition antérieure au nazisme, contrairement aux Français jacobins, favorables au respect des cultures locales ; remarque qui ne dédouane pas les responsables de la *Propagandastaffel* de toutes manœuvres. Hemon n'a pu mener à bien son rêve de « rebretonniser » totalement la Bretagne, mais son gigantesque travail a néanmoins laissé un héritage visible puisque toutes les écoles actuelles, tous les panneaux routiers, utilisent l'orthographe qu'il a mise au point. Il est particulièrement piquant de lire ses articles des années 1920 dans lesquels sont détaillés les moyens qu'il envisageait pour éradiquer le français. C'étaient exactement ceux qu'avait exposés l'abbé Grégoire dans son pamphlet de 1793 pour « anéantir les patois » ! En gros : multiplier les occasions et les exemples d'expression dans « la bonne langue » ; diffuser massivement les opuscules pratiques, les journaux et les livres ; préférer les enseignements par immersion à ceux des écoles bilingues. La différence d'époque et l'inversion des langues suffisent-elles pour faire de l'un des deux battants un progressiste et de l'autre un affreux réactionnaire ? *Quoi d'autre* derrière Roparz Hemon et son rêve de sauver le breton ? l'abbé Grégoire et son projet d'une francophonie universelle !

Sur l'adhésion de la population allemande aux thèses nazies, d'une part, et sur l'occupation d'une partie du territoire français par le voisin d'outre-Rhin d'autre part, mon histoire familiale comporte un épisode assez différent des récits convenus ; une péripétie qui, pour être privée et très localisée, n'en permet pas moins de nuancer des questions plus vastes.

Je suis né en octobre 1940 dans un minuscule hameau de l'extrême ouest breton, dont mon père était à la fois l'instituteur public et le secrétaire de mairie. Le pays était à la vérité plus qu'occupé. La proximité des côtes où l'état-major allemand craignait de voir débarquer les Alliés en avait fait une « zone interdite » : on ne pouvait y pénétrer sans autorisation, fût-ce pour un enterrement, un mariage ou une première communion. Il y avait des soldats dans toutes les maisons dont les chambres libres avaient été réquisitionnées, ce qui obligeait à une cohabitation quotidienne des habitants et de leurs visiteurs. Les seuls souvenirs qui m'en restent sont probablement dus à des récits ultérieurs de mes parents. J'étais trop jeune. Les premières images dont je sois certain sont celles des géants Américains qui, en août 1944, nous prirent sur leurs épaules et nous offrirent du chewing-gum, tandis que leurs obus partaient bombarder Brest, à onze kilomètres de distance. Je n'ai appris que plus tard que, le jour même de ma naissance, le gouvernement français avait promulgué l'ignoble « statut des juifs » promettant la mort à des enfants de mon âge.

Ma grand-mère Maryvonne tenait avec sa fille, ma « tante Mimi », sœur de mon père, dans un autre village voisin du nôtre, un commerce central, fréquenté par toute la population et inévitablement, pendant la guerre, par des Allemands : café, bureau de tabac, épicerie, arrêt de car, relais de presse, recette buraliste où les agriculteurs venaient déclarer leurs récoltes. Aucun jour de fermeture pendant plus de quarante ans. J'ai évoqué ailleurs la personnalité solaire, l'humour tout à la fois cinglant et bienveillant de cette veuve hors du commun, fidèle à sa coiffe blanche jusqu'à son dernier jour ; son rire tonitruant, sa manière impayable de moquer les sots raisonnements de ses interlocuteurs par un « Alors, bien sûr ! » sans réplique. J'avais seize ans, en 1956, quand est morte cette reine de Bourg-Blanc, tel était le nom du village. Et j'ai imaginé, pendant les décennies suivantes, que son souvenir se perpétuait comme dans le mien dans l'esprit des habitants qui l'avaient connue. Quelle ne fut donc pas ma surprise de découvrir, dans un livre d'histoire du village financé par la mairie dans les années 2000… qu'elle ne figurait pas dans la liste des commerçants ni nulle part ailleurs dans les deux cents pages de l'ouvrage ! Sans doute, quelque chose m'avait échappé, une sorte de « secret de famille » qu'on ne m'avait pas raconté. Mon père venait de mourir, doublement enseveli, dans sa tombe et dans un silence désormais définitif. Mon frère aîné éludait bizarrement mes questions. J'ai donc décidé de mener une enquête qui m'a vite ramené aux années de l'Occupation et de la Libération. J'ai découvert que ma grand-mère et ma tante avaient fait l'objet d'une dénonciation en 1944 par des tenanciers voisins auprès du nouveau préfet investi par la Résistance, lequel, sur cette seule information, avait précipitamment ordonné la fermeture de leur commerce pendant six mois. Une fois le dossier remis aux autorités régulières de police et de justice, les deux femmes avaient été immédiatement lavées de ces accusations par un non-lieu. Mais le mal était fait, le mensonge établi. Ma grand-mère a disparu de l'histoire du village, tandis qu'un nom de rue honore le « résistant » qui l'a salie mais n'avait à la vérité rejoint ni la France Libre ni les réseaux de l'intérieur ; qui n'avait tenu d'autre arme qu'un stylo ni livré d'autre combat que la rédaction de libelles. *Quoi d'autre* derrière le nom de ce héros ? une histoire assurément différente de celle des opuscules officiels.

Quelles ont été mes sources pendant mon enquête ? D'une part les confidences des derniers témoins, nonagénaires regroupés dans la maison de retraite locale comme des adolescents dans une colonie de vacances ; aujourd'hui tous morts. Et d'autre part d'extraordinaires lettres que j'ai eu la chance de retrouver dans un dossier du Service des Archives à Rennes, saisies en 1944 dans les maisons du bourg pour constituer des dossiers d'accusation ; des lettres écrites par des militaires allemands, premiers occupants du village, depuis le Front russe où ils avaient été mutés un ou deux ans plus tard, saluant amicalement leurs logeurs bretons et regrettant « le bon temps » de leur séjour. De ces témoignages et de ces documents se dégagent quatre années surprenantes de « cohabitation » plutôt que d'occupation, sans aucun acte de violence de la part des nouveaux maîtres ni le moindre geste d'insoumission des habitants. Un détail soulève même une question particulièrement troublante, presque incompréhensible : sur les vingt-et-un jeunes gens en âge d'être requis pour le Service du Travail Obligatoire, STO, aucun n'a pris le train pour l'Allemagne ! (Depuis, j'ai lu dans un nouveau document qu'il y en avait peut-être eu un.) Une seule mention du « Führer » dans cette trentaine de missives, pour signaler que son anniversaire est fêté dans les unités de la Wehrmacht. Aucun autre commentaire « politique » que des allusions à la pauvreté et à l'impressionnante « fureur » des combattants soviétiques. Ce sont des lettres d'instituteurs ou d'artisans allemands, cousins de Till Eulenspiegel et du flûtiste de Hamelin plutôt que de Hitler et de Goebbels ; des citoyens pacifiques et raisonnablement cultivés, mobilisés par un gouvernement guerrier qui n'a pas encore tout à fait dévoilé à l'époque son programme d'annihilation du peuple juif.

Il y a donc deux façons de lire ces lettres. Ou bien comme des mots d'amitié ou d'amour tels que pourraient s'en échanger des Français et des Allemands d'aujourd'hui ; comme pourrait par exemple en écrire à la famille allemande qui l'a hébergé un étudiant français revenant d'une année *Erasmus* dans une université d'outre-Rhin. Ou bien comme d'affreuses preuves de collaboration avec le pire régime que la terre ait porté.

C'est la deuxième version qui l'a emporté. Des hommes, *des mâles*, désireux de se laver d'une honte secrète de vaincus et de se donner en quelques jours une stature de combattants alors qu'ils n'avaient jamais manifesté la moindre opposition aux occupants pendant quatre longues années, se sont servis de ces lettres pour couvrir d'opprobre *des femmes* qui, certes, avaient été sensibles à l'élégance et à la culture des visiteurs, mais sans se rendre coupables d'aucune trahison militaire. À Bourg-Blanc un seul homme a été accusé de collaboration. L'étude des lettres écrites par ses amis allemands et de ses réponses ne laisse aucun doute sur ses sympathies, tandis que je n'ai jamais connu d'opinions politiques ni à ma grand-mère ni à ma tante. Pourtant, l'inculpé germanophile fut lui-même acquitté : il n'était possible de lui reprocher que ses opinions mais non quelque acte délictueux. Les quelques dix femmes inquiétées firent l'objet de non-lieux et ne furent même pas poursuivies. Soulignons-le : ces verdicts cléments furent ceux de juges de l'État français renaissant, et non ceux de vrais ou de faux résistants qui jouèrent plutôt le rôle de procureurs, souvent bien sévères. Remarque qui me rappelle la réponse faite en 1945 par le Général de Gaulle à un journaliste qui lui demandait s'il entendait que soient poursuivis les quelques autonomistes bretons qui s'étaient montrés proches des Allemands : « *S'ils ont trahi, ils seront punis pour trahison. S'ils n'ont été qu'autonomistes sans avoir trahi, c'est une autre histoire.* » Une opinion, une préférence culturelle, ne devraient jamais être tenues pour des délits. La liberté de pensée est garantie par la Déclaration des droits de l'homme.

La guerre proprement dite n'a commencé à Bourg-Blanc qu'en août 1944, à l'arrivée des Américains qui, bien sûr, étaient venus pour livrer combat. Débarqués en Normandie, ils avaient de surcroît poussé devant eux depuis la région de Saint-Malo des régiments de parachutistes allemands en déroute, des soldats de métier affolés par la perspective de leur défaite, qui commirent plusieurs massacres de civils dans des villages voisins, à Plouvien, à Gouesnoù.

Toutes réflexions difficiles à produire, qui, bien sûr, n'estompent en rien la réalité des horreurs, la longueur des combats qui ont eu cours dans d'autres régions de France ; ni donc l'héroïsme des véritables résistants qui, confrontés à un ennemi sans pitié, n'ont pas hésité à risquer leur vie au service de leurs idéaux démocratiques. L'histoire de Bourg-Blanc, petit village français, montre cependant qu'il est trop simple de tirer une vision globale de cette représentation. Il y a eu aussi des lieux et des moments où deux peuples se sont paisiblement côtoyés. Une association de mémoire allemande, informée de mon travail, a retrouvé la famille du principal épistolier, un lieutenant commandant en second au village en 1941 et 42, de toute évidence francophile. Quelle ne fut pas ma surprise de découvrir que son fils est aujourd'hui un grand journaliste et écrivain allemand, éditorialiste au *Süddeutsche Zeitung*, le quotidien de Munich plutôt classé à gauche ! auteur de plusieurs livres sur l'histoire de France et notamment sur notre Révolution. Lequel m'a appris que son père était juge en Bavière avant sa mobilisation ; qu'il a été fait prisonnier en 1945 près de Dunkerque et transféré par les Américains... à Atlanta ! que les autorités alliées après examen de son cas ont estimé qu'il n'avait jamais été nazi ; qu'il a donc retrouvé sa fonction et terminé sa carrière comme juge fédéral dans la république de Konrad Adenauer, de Willy Brandt, de Helmut Schmidt...

Cet exemple me donne le courage de réaffirmer qu'il ne saurait être question, parce que l'État allemand a été nazi, de jeter aux orties toute la culture du pays, ses traditions de courtoisie. Pour faire mesurer l'effet qu'ont pu produire à Bourg-Blanc ces visiteurs élégants sur une population rurale dont le niveau scolaire était dans l'ensemble celui du certificat d'études primaires, il me faut revenir à Maryvonne. Fille d'un pêcheur analphabète de Portsall sur la côte nord du Finistère, élevée avec huit autres frères et sœurs dans un *penn-ti* au sol de terre battue, elle-même pieds nus dans des sabots de bois garnis de paille pendant son adolescence, elle avait détesté cette misère. Elle racontait qu'elle avait vu pour la première fois des enfants chaussés de souliers de cuir quand les bateaux avaient traîné au port les corps ficelés des noyés après le naufrage du paquebot *Drummond Castle* en 1896, alors qu'il y avait fête à bord : elle avait neuf ans. Ensuite, elle s'était elle-même formée jusqu'à devenir une parfaite commerçante. Plusieurs professeurs de lycée brestois qui avaient coutume de venir taquiner la truite dans la rivière du village avaient été séduits par sa personnalité rare. En lisant mon nom dans la liste de ses élèves, l'un d'eux devait me demander, non pas si j'étais le fils d'un instituteur de la ville, mais si j'étais le petit-fils de la célèbre Maryvonne de Bourg-Blanc. Elle avait voulu offrir à ses enfants, à mon père, une meilleure éducation que la sienne, laquelle, à l'époque, ne pouvait s'acquérir... qu'en français ! Alors que cinquante ans plus tard l'éducation bilingue proposerait aux Bretons une alliance entre tradition et modernité, en son temps ma grand-mère fut une jacobine convaincue ! favorable à l'abandon de la langue bretonne par les générations montantes. Elle exigea du curé du village que le caté-chisme fût enseigné à son fils en français. Cet épisode, pour étonnant qu'il soit dans l'héritage du décentrali-sateur que je suis, fait partie de mon histoire, et il ne me gêne pas d'en convenir. Mais à quel éclairage plus large veux-je en venir par cette évocation particulière ? À ceci que sans doute Maryvonne vécut-elle comme un véritable bonheur de femme, une récompense à sa lutte de mère et une brèche dans ses désespoirs, de voir enfin des clients cultivés et courtois franchir le seuil de sa boutique. Hélas, c'étaient des Allemands.

La République Fédérale est aujourd'hui notre alliée la plus proche. L'Europe tire sa force de la jonction de nos deux pays. La chaîne *Arte* nous renvoie chaque jour un écho amical de la langue allemande. Nous admi-rons les performances footballistiques des équipes de Munich, de Leverkusen, de Dortmund ; pour ne rien dire de celles des « aigles » de la Mannschaft. Nous regrettons même que des unités de la Bundeswehr n'épaulent pas plus souvent les nôtres, en Afrique et au Moyen Orient. Mais nous ne voulons plus trop considérer comment *les mêmes hommes* ont pu, selon les circonstances, selon leur degré d'instrumentalisation par le pouvoir nazi, devenir des monstres ou rester des voisins courtois. Hannah Arendt a posé *« la banalité du mal »* à propos du cas Eichmann, l'affaire est élucidée ! clament nos élites soulagées de ne pas avoir à penser plus loin. Et s'il fallait y ajouter *« l'étendue du bien »* ?

Je connais un agriculteur qui, fait prisonnier dès les premières heures du conflit, fut affecté pendant quatre ans dans une exploitation allemande dont les fermiers le traitèrent en ami. Que croit-on qu'il arriva après la fin de la guerre ? Les deux familles reprirent contact, s'inventèrent des vacances, elles qui n'en avaient jamais pris, afin de se recevoir les unes les autres, et organisèrent des fêtes communes à l'occasion des mariages de leurs enfants respectifs ! Dans son livre *Sorti de rien* (Le Seuil, 2013), Irène Frain évoque un cas plus stupéfiant encore. Lui aussi prisonnier dans une ferme allemande et lui aussi traité en ami, son père cherche un moyen de recevoir des lettres plus détaillées et des colis mieux fournis de sa famille lorientaise. Or, ses « hôtes » s'aperçoivent que l'unité de la *Wehrmacht* à laquelle appartient le fils de leurs voisins est précisément stationnée… à Lorient !

L'épouse bretonne parvient à contacter le soldat du Reich – Irène Frain ne sait pas comment – lequel peut transmettre à ses parents par la *Feldpost* militaire allemande des saucissons et des gâteaux qui bientôt atteignent le prisonnier. Un tel épisode, inséré dans une fiction, aurait peut-être été jugé « trop invraisemblable ». Mais ainsi va le réel… Quelle autre conclusion tirer de ces belles anecdotes sinon cette vérité qu'il y avait, sous la guerre des géants Hitler, Staline, Roosevelt, Churchill, sous les bombardements de tant de villes allemandes ou alliées, sous l'explosion d'Hiroshima, un socle autrement durable d'amitiés humaines.

Cher lecteur, tu me promets de ne pas prendre cette bienveillance, cette xénophilie, pour un égarement philosophique ni, encore moins, pour un coupable aveuglement politique ? Je ne sais pas, bien sûr, si tel ou tel des pacifiques occupants de Bourg-Blanc ne s'est pas mué en Russie, en Ukraine, en un abominable exécutant de « la Shoah par balles ». Mais, pour que l'Europe existe aujourd'hui, il faut bien convenir que les vociférations de Hitler ne résumaient pas le peuple allemand.

Or, j'ai raconté mon enquête dans un livre publié en 2010, sous le titre *Avec le temps, chronique d'un village breton sous l'Occupation allemande*. Sans craindre d'exposer ma famille à quelques médisances. Soixante-dix ans après les faits, je me croyais à l'abri de toute maladresse, de toute polémique. C'était mal mesurer la rémanence des douleurs et des haines. Un enfant était né au village d'une jeune fille locale et d'un soldat allemand. J'avais retrouvé quelques-unes de leurs lettres qui révélaient un amour pur et vrai, digne de *Roméo et Juliette* ou de *Hiroshima mon amour*. L'ancien bébé était toujours vivant, il était septuagénaire. Je l'ai rencontré, nous avons échangé des propos amicaux, j'ai cherché à l'aider dans sa recherche de l'identité de son géniteur. J'ai cru lui faire plaisir en racontant affectueusement son histoire. À l'époque, la République Fédérale envisageait d'offrir sa citoyenneté à tous les enfants nés de soldats allemands pendant la Deuxième guerre, elle l'a fait depuis. À ma grande surprise, l'homme a néanmoins porté plainte pour atteinte à sa vie privée et demandé des dommages et intérêts. La justice lui a donné raison, préférant maintenir un principe que prendre la mesure d'un cas particulier. Le livre est interdit. Ce qui a obligé certains des lecteurs qui l'avaient acquis à sa sortie à baisser le ton pour me glisser à l'oreille, en pleine rue, qu'« ils aimeraient avoir le même courage pour tirer au clair le comportement de leurs parents pendant l'Occupation »…

Un peu « sonné » par cette censure d'une minuscule anecdote qui m'empêchait du même coup de raconter l'histoire de ma famille et de proposer quelques méditations sur les difficultés de la vérité, je me suis alors demandé comment les jeunes Allemands avaient de leur côté découvert après la Guerre l'affreux passé de leur pays, le passage de leurs pères sous l'uniforme nazi. J'ai proposé au journaliste bavarois mentionné ci-dessus, fils du juge devenu lieutenant de la Wehrmacht, de comparer les silences de nos deux familles. Il a d'abord été tenté d'accepter, puis ses collègues et ses éditeurs lui ont déconseillé cette audace. Il est aussi difficile en Allemagne qu'en France de soulever les masques, de renoncer aux fausses nécessités des récits nationaux. *Quoi d'autre ?* chut !

*

Quoi d'autre que le monde, que l'histoire, que le présent ? C'est l'interrogation qui m'a paru manquer dans le texte de Stéphane Hessel, *Indignez-vous !*, qui a connu dans les années 2010 le succès que l'on sait. (Je m'adresse à lui dans ce qui suit comme s'il était toujours de ce monde : parce qu'il l'est, bien sûr, à jamais.) Pour l'homme qui eut tous les mérites mais peut-être aussi la chance de pouvoir exercer ses talents, le programme à mettre en œuvre pour faire progresser la France et même l'humanité entière est toujours, au XXIe siècle, le même qu'en 1944 : celui du Conseil National de la Résistance. Nombre des mesures qu'il détaille pourraient être discutées et l'ont d'ailleurs été par l'Histoire, comme la constitution en monopoles nationaux des principaux acteurs économiques et culturels : les producteurs d'énergie, les compagnies d'assurances, les banques, l'école. Même s'il prend soin d'extraire de ce bloc étatique la presse qu'il veut indépendante, on a envie de lui rappeler le positionnement actuel sur l'échiquier politique des adorateurs sans nuances de « la préférence nationale » ; de lui proposer une comparaison entre le statut présent des pays anciennement ou toujours communistes et celui des États-Unis d'Amérique, nés d'une révolution plus « libérale » que la nôtre et décentralisés en une fédération d'États.

Stéphane Hessel rappelle le programme du CNR et paraît demander qu'en soient réactivées ou enfin appliquées les parties négligées. Mais il ne cite aucune des magnifiques inventions insoupçonnées qui ont vu le jour depuis : Internet, Google, Wikipédia. En somme, il n'a toujours pas un mot pour le *« Quoi d'autre ? »* que les rédacteurs de 1944 auraient dû ajouter au bas de leur document. Les héros de la France Libre et de la Résistance étaient encore nourris de souvenirs jacobins et d'espoirs soviétiques ; ils avaient des cerveaux de leur temps, ils ont fait au mieux de leurs capacités. Mais aujourd'hui, sans bien sûr porter en quoi que ce soit atteinte à la mémoire de Franklin Roosevelt, de Winston Churchill, de Charles de Gaulle, de Jean Moulin… et de Joseph Staline, nous savons que notre monde présent doit au moins autant sa formidable nouveauté et ses perspectives d'évolution à Bob Kahn, Vint Cerf, Tim Berners-Lee ; à Steve Jobs, Larry Page, Sergueï Brin ; à Jimbo Wales, Larry Sanger ; à Mark Zuckerberg, Jack Dorsey, etc.

Terrible ou tout au moins paradoxale est la leçon de l'effondrement soviétique. Les hommes ne seront pas à la fois riches, égaux et inventifs. Rien de moins démocratique, en un sens, que l'émergence et la répartition des talents. Même s'il est heureusement possible de trouver des contre-exemples, très nombreux sont les écrivains, les artistes, les cinéastes, les capitaines d'industrie, les découvreurs, qui n'ont dû la naissance et l'épanouissement de leur œuvre qu'à leur chance d'être « bien nés », de parents fortunés ou cultivés, si possible les deux ; la chance, autre nom du hasard, que Grecs et Romains représentaient sous les traits d'une déesse, *Tyché* ou *Fortuna,* aux yeux bandés. Bien différente est la condition d'un étudiant qui doit gâcher de précieuses heures pour gagner de quoi se loger et se nourrir, de celle du veinard dont la famille balaie d'avance ces impedimenta. Bien plus simple et féconde la vie de celui ou de celle qui peut laisser ses rêves prendre forme au fil de méditations sans contraintes. Je ne m'aventurerai pas à mentionner ici quelques-uns de ces « héritiers » pour ne pas risquer d'être injuste car, bien sûr, un heureux environnement ne suffit pas non plus à faire un génie. Qu'on me permette simplement de conserver une pensée pour tous ces anonymes englués dans des situations familiales ou régionales inextricables qui auraient pu devenir eux aussi des héros de la France Libre ou de la Résistance s'ils avaient eu *l'occasion* de rejoindre Londres ou de contacter un réseau. Bien des Allemands n'auraient pas été nazis s'ils avaient eu « la chance » d'être mieux éduqués et de faire les rencontres nécessaires. Je ne veux oublier ni les uns ni les autres. L'amour du prochain, du lointain, du différent, n'est pas qu'un article de foi religieuse : c'est le socle de la démocratie ?

Stéphane Hessel n'évoque dans son texte, ni la construction européenne, ni les « indignés » d'Espagne, ni les révolutions de Tunisie, de Lybie, de Syrie, d'Ukraine, où l'arme décisive a été le *smartphone* plus encore que la kalachnikov. Il réduit les conceptions possibles de l'Histoire à « deux visions » : ou bien l'éternel progrès décrit par Hegel ; ou bien une ruine sans fin qu'il symbolise par le suicide de Walter Benjamin. L'une et l'autre me paraissent affectées du même défaut : celui de « donner un destin à l'Histoire ». On se demande bien quelle autre fin pourrait envisager qui croit au Progrès ou à la Chute sinon celle qui se trouve effectivement réalisée. C'est au fond croire en Dieu ou au Diable, croire que leur combat résume le champ des possibles. On est pour le changement, ou on est contre. C'est ne pas comprendre le message de Darwin. Le monde se construit essentiellement au hasard, au fil de mutations, d'« erreurs de réplication » imprédictibles. De surprise en surprise. Ce qui ne veut pas dire sans progrès successifs. Les états du réel qui perdurent sont ceux que les acteurs jugent profitables. Qui avait prévu l'invention des ordinateurs et l'apparition d'Internet ? personne. Mais qui, une fois ces merveilles advenues, a voulu les abandonner ? personne.

Manque dans ce diptyque trop simple, ce qui fait précisément la caractéristique essentielle de l'Histoire : son imprévisibilité, sa nouveauté permanente qui mobilisent le génie d'inventeurs humains sans pour autant en faire des créateurs ex nihilo.

Si l'on excepte les interventions de quelques messies solidement patronnés par des pharaons, des rois, des anges ou par Dieu lui-même, les grands événements et les innovations qui ont transformé le destin de l'humanité – l'agriculture, l'écriture, l'imprimerie, l'industrie ; la révolution française, sa petite fille bolchevique – ont été des émergences collectives et des glissements massifs. Tandis que, dans « le monde 2.0 » qui s'ouvre devant nous, une idée d'un seul individu, d'un quidam sans pedigree, peut faire florès et changer la vie de tous. À peine inventés, les disques vinyl ou compact passent à la poubelle. La musique, quelquefois financée par une campagne de *crowdfunding*, s'écoute désormais en *streaming*. Les artistes privés de leurs droits d'auteur multiplient le prix d'accès à leurs concerts… où il leur arrive cependant de se faire remplacer par des hologrammes !

Nous entrons dans l'économie du *share* (du partage) qui va bouleverser rudement un grand nombre de professions, notamment celles qui demandent ou demandaient des « licences » ; tels les taxis, malmenés par les fameux VTC, « Véhicules de Tourisme avec Chauffeur ». Mais le phénomène est bien plus étendu, et à la vérité général. Désormais, chacun peut proposer individuellement la location de ses talents, de sa maison, de sa voiture, de ses outils.

*

Un domaine m'intéresse particulièrement : d'une part parce qu'il touche à la culture – l'un des socles fondateurs de l'humanité – et d'autre part… parce que le présent texte lui doit sa diffusion ! Une mutation semblable commence en effet à affecter le domaine du livre. Depuis le développement d'internet, auquel des milliards d'humains ont un accès personnel direct, « l'autoédition 2.0 », qu'elle soit numérique *ou sur papier*, a pris une tout autre allure, et on peut penser qu'elle finira par remplacer l'économie traditionnelle de la littérature. Elle n'a plus rien d'un processus laborieux consistant à faire

tirer un nombre limité d'exemplaires dans une imprimerie, puis à les placer dans quelques librairies ou bureaux
tabac dans lesquels le malheureux auteur doit repasser
régulièrement pour constater les ventes éventuelles.
Désormais, la fabrication, la diffusion, la vente et la
comptabilité de l'ouvrage sont assurées par une société
mondiale – *Amazon, Google, Apple*, etc. – que tout
lecteur potentiel peut contacter isolément et instantanément depuis les lieux les plus improbables : depuis nos
villes et nos campagnes, mais aussi bien depuis le cœur
du Sahara ou de l'Amazonie si un petit panneau voltaïque
permet de recharger un smartphone et si une antenne ou
un satellite relaie l'émission.

Qu'il soit également possible depuis peu à un
acheteur de faire imprimer en quelques minutes l'ouvrage
qu'il désire dans une librairie ne diminue pas l'intérêt
d'une commande sur internet. Car le volume lui sera
alors livré par la poste *à domicile* pour le même prix.

Sans doute, la mutation est-elle plus radicale
encore lorsqu'on considère le support numérique. Avant
d'en examiner les modalités pour les créateurs, il n'est
pas inutile d'en rappeler le formidable intérêt pour les
lecteurs. Les amateurs nostalgiques qui s'en tiennent à
l'amour de l'objet livre, de la texture et de l'odeur du
papier, connaissent néanmoins l'encombrement et la
charge pesante que l'accumulation des volumes vaut à
leur demeure ou à leur valise. En voyage, sans disposition

spéciale, il est impossible d'emporter plus de cinq ou six tomes. Une « liseuse », en revanche, ne pèse que deux cents grammes et tient dans une poche de veste, quand elle peut contenir toute la littérature mondiale. Mieux, elle l'acquiert désormais pour un coût presque nul car les bibliothèques nationales et nombre d'associations de bénévoles ne cessent de numériser et de proposer gratuitement les grandes œuvres du passé aux éditions souvent épuisées, voire les textes plus récents « tombés » dans le domaine public. Proust est devenu gratuit, il ne faut que quelques secondes pour obtenir l'intégrale de *La Recherche*, serait-ce à trois heures du matin si l'on est insomniaque. Tout Rabelais, Rousseau, Diderot, Balzac, Stendhal, Hugo, sont immédiatement disponibles ; et aussi bien Dumas ou Eugène Sue. Sans parler des auteurs de langues différentes, Chaucer, Shakespeare, Defoe, Jack London, James Joyce ; Cervantes, Tchekhov, etc. Tout cela dans l'instant, sur un écran de la taille d'une page, moins lourd qu'un livre de poche. Si ce n'est pas là une extraordinaire mutation culturelle, on se demande ce que pourrait être d'autre un « progrès »… Ajoutons qu'il est même devenu inutile de disposer d'une liseuse proprement dite : les logiciels qui permettent de transférer les textes sur smartphones, palettes ou ordinateurs, sont gratuits.

Du point de vue des auteurs, cette nouvelle autoédition a quelque chose de renversant dans sa radicalité. Finie la recherche épuisante d'une maison d'édition que guident tout à la fois la recherche de talents et la maximisation des profits ; finie la soumission aux critères de lecteurs qui, pour être professionnels, n'en sont pas moins aussi des affidés de leur employeur ; fini l'abandon de 90% du prix de vente de l'ouvrage ; oubliée la forme de petite mort que vaut à « une œuvre » sa clôture définitive dans le cercueil d'un volume. Ce dernier point est particulièrement intéressant et laisse apercevoir l'immensité du changement de paradigme. Il est en effet possible à un auteur s'autoéditant chez l'un des géants de l'internet – certes sur support numérique mais même sur papier puisque les volumes sont imprimés un à un à l'occasion de chaque commande individuelle – de modifier instantanément, de compléter en permanence au fil du temps son livre qui reste donc « vivant » tant que son auteur l'est. Ce qui n'est pas sans saper l'intangibilité du numéro d'ISBN et la respectabilité du fameux « dépôt légal »… Au demeurant, la Bibliothèque Nationale de France a plus ou moins renoncé à son privilège sur ce dernier point : il n'existe pas de dépôt légal pour les textes numériques dont sont simplement collectées par des robots (!) les annonces sur les sites des diffuseurs.

Bien sûr, le problème, c'est l'information et le contact des lecteurs. Mais pourquoi les critiques littéraires ne recommanderaient-ils pas aussi bien des textes immédiatement accessibles sur internet que les bouquins empilés dans les librairies… s'il en reste ? Je parie ici même qu'un jour on verra un livre autoédité sur « la toile » remporter un prix littéraire… Certes, les grandes maisons d'édition peuvent lancer des campagnes publicitaires que ne pourront jamais s'offrir des auteurs isolés. C'est le bon côté de l'économie traditionnelle du livre : en assurant la fortune de leurs éditeurs, les écrivains bien vendus ouvrent l'avenir à de nouveaux créateurs encore inconnus. En ajoutant à ces difficultés de diffusion le financement des traductions dans d'autres langues, on devine qu'apparaîtront partout, comme c'est déjà le cas dans nombre de pays, aux États-Unis notamment, des « agents » d'auteurs semblables aux impresarios des comédiens, dont le métier sera de régler ces questions. Ne doutons pas que naîtront d'autres relais encore, des circuits dont nous n'avons aujourd'hui aucune idée. Par exemple, qui aurait imaginé, avant l'invention d'internet, voir un jour des livres coécrits, non pas à deux ou trois, mais à mille ? Les premiers éclaireurs de cette future troupe sont déjà là, en format numérique mais aussi en volumes, sur les rayons des librairies… Certes, on attend encore que sorte de cet atelier mondial un *Don Quichotte, le retour* ou une *Divine Comédie 2.0*, mais je ne jurerais pas qu'un tel miracle n'aura jamais lieu. L'avenir n'est pas écrit, c'est le cas de le dire…

II. Tout près, si loin

pour les mêmes raisons

Nous sommes tout près. Et nous n'avons jamais été si loin. Pour les mêmes raisons.

« *Nous* » : c'est à dire l'humanité avec sa ribambelle de peuples, ses milliers de vies, de langues, de cultures, de rêves, d'accomplissements.

*

« **TOUT PRÈS** » : du bonheur, de la paix et de la démocratie universelles ; de l'intercompréhension, de l'amour ; de cette « fin de l'Histoire » que le philosophe américain Francis Fukuyama avait cru pourvoir annoncer en 1992.

Depuis 1945, aucun conflit mondial n'a ravagé la planète. Les guerres héritées de la période coloniale se sont une à une apaisées : en « Indochine », au Vietnam, en Algérie, en Angola, etc. Les vieux dictateurs sont morts : Hitler, Staline, Franco, Salazar. L'Allemagne, l'Espagne, le Portugal, la Grèce, sont devenus des démocraties. L'évanouissement de l'URSS, la chute du mur de Berlin, ont réchauffé les steppes de « la guerre froide ». Les arsenaux thermonucléaires sont restés sans emploi. La France, puis les États-Unis, l'ensemble des pays occidentaux, ont reconnu la Chine qui est devenue leur atelier… avant peut-être de se faire leur laboratoire de recherche. Les universités de tous pays échangent des étudiants.

En 1997, le Royaume-Uni a « rendu » Hong Kong au géant du Milieu. Fabuleuse cérémonie ! Dans une ambiance cordiale, juste avant minuit le 30 juin, en présence du premier ministre Tony Blair, du prince Charles, du président Jiang Zemin, on a joué une dernière fois le *God save the Queen* tandis que s'abaissait l'*Union Jack*. Puis, après les douze coups, à 0 heure le 1er juillet, s'est redressé le drapeau rouge frappé d'étoiles au son de l'hymne chinois. Quel auteur et quel metteur en scène auraient trouvé mieux ? En 2047 les voitures qui roulent présentement à gauche devront-elles passer à droite ? On a connu plus dramatique dans l'histoire de la planète !

En Afrique du Sud, un processus inimaginable a mis fin au sinistre apartheid : un Premier ministre blanc a rendu son tablier, un prisonnier noir est devenu président, tandis que tous les petits bourreaux plaidaient coupables et obtenaient le pardon de leurs victimes. On peut espérer qu'un jour des miracles du même ordre auront lieu au Rwanda ; que la Turquie finira par se laver de son mensonge sur le génocide arménien. Les ennemis irréconciliables d'Irlande du Nord, catholiques de l'IRA et protestants « loyalistes », collaborent désormais au sein du gouvernement de Belfast. L'ETA basque a suspendu attentats et enlèvements. Les indomptables FARC colombiennes paraissent décidées à en faire autant. Fin 2014, après cinquante-deux ans d'« embargo », les États-Unis et Cuba ont annoncé un premier échange de diplomates.

Les satellites offrent désormais une vue globale de la planète, berceau de l'espèce *homo* deux fois sage : *sapiens sapiens* ! La télévision, internet, donnent à chacun la possibilité de se situer et de voir les autres, dans leur ensemble comme individuellement ; de leur parler, de les reconnaître frères et sœurs. Les avions permettent de les rencontrer, de les toucher, de rire et de trinquer avec eux ; de les aimer ; de se défaire des sornettes racistes. Les livres rouges ou verts ou dorés des catéchismes s'effilochent sur les arêtes vives de la vérité.

Quelles étaient jusqu'à ce jour les seules garanties offertes à chacun dans sa quête de vérité ? les doctrines des institutions, les credo promulgués par les maîtres penseurs, souvent maîtres tricheurs. Un chrétien, un communiste, un Français héritier de l'histoire de son pays, croyaient ce qu'avaient cru leurs pères, ce que la société leur enjoignait de croire pour en être dignes. Rien de semblable aujourd'hui ou tout au moins demain. L'éclosion d'internet change de fond en comble le rapport des humains à la connaissance, donc à « la vérité », aussi plurielle et insaisissable soit-elle. Voici qu'il est possible, via *Google*, d'acquérir seul dans l'instant tel ou tel savoir, de vérifier telle ou telle intuition, sans avoir à s'inscrire dans une bibliothèque plus ou moins inaccessible et peut-être incomplète ; sans avoir à prêter allégeance à un professeur autant préoccupé de sa carrière et de son pouvoir que de sa mission d'enseignement. Et chaque individu, chaque humain, de compléter sur *Wikipédia* les dossiers offerts à l'ensemble de la collectivité. D'où, dira-t-on, la possibilité que se glissent dans ces exposés des erreurs involontaires ou même des contrevérités intentionnelles ? Soit, la belle affaire au regard des progrès accomplis ! Ce sont là des défauts mineurs et rectifiables, qui n'entament pas la nouveauté massive et l'immense bienfait de ce nouvel état de l'humanité.

Chacun, devant son ordinateur, se demande désormais ce que raconte réellement tel ou tel mantra, serait-il signé Platon, saint Paul, Lénine ou Kadhafi. L'évaporation de l'URSS, la désertification des églises, l'explosion des printemps arabes, sont contemporaines de l'éclosion d'internet. J'ai réalisé dans les dernières années du millénaire une enquête télévisée sur la fonte du christianisme breton, pourtant réputé éternel. Pour incroyant que je fusse, j'en étais moi-même sorti traumatisé par la violence des chiffres et la mutation des comportements. Certain petit séminaire avait vu son contingent d'élèves destinés à devenir prêtres ou missionnaires passer subitement de deux cents à un ou deux. Tel prêtre ouvrier, embarqué comme mécanicien sur un chalutier, m'avait chuchoté que les grands espaces marins ne prédisposent pas à la métaphysique et qu'à bord on a trop de travail pour embêter les hommes avec des prières ! Tel aumônier rural, chargé d'organiser des rencontres entre ménages de jeunes agriculteurs, m'avait dit qu'il ne proposait pas davantage de célébrations religieuses à ses hôtes fumant et trinquant ; son appartenance à l'Église n'était jamais évoquée entre deux toasts. Un dernier clerc très cultivé, éditeur de livres sur l'histoire du christianisme, avait commencé sa séquence d'interview par une déclaration tonitruante en langue bretonne : « *echu eo rouantelezh ar veleien !* c'est terminé, le royaume des prêtres ! » À l'époque, tous les commentateurs se contentaient, pour expliquer cet énorme glissement, de mentionner « l'influence de Mai 68 », sans se demander davantage comment avait germé cette révolution. Aujourd'hui, je pense qu'il s'agit de l'effet d'une individualisation des consciences, dont internet est le premier support. Chacun veut savoir ce qu'on lui raconte, ce que chantent *au juste* les beaux cantiques. Les rois, les professeurs et les sorciers doivent passer nus sous des portiques de détection, ouvrir leur sac, remettre aux démineurs les bombes qu'ils y cachaient. Laissons son « surhomme » à Nietzsche pour saluer l'émergence du *surindividu*.

Certes, les religions ne sont pas partout aussi essoufflées et leurs tenants sont, à l'inverse, en train de mettre la planète à feu et à sang. Avant de laisser place à ces visions atroces, accordons-nous une dernière pensée éminemment girardienne, en espérant que ces aveuglements et ces violences absurdes soient le ticket d'entrée dans le Nouveau Monde futur ; le prix à payer pour renoncer aux imitations archaïques.

La présente alliance de l'individualisme et du communautarisme, alliance née d'internet, est une formidable avancée qui crée un nouvel universalisme autrement dense que le *no man's land* précédent. L'individu de ce paradigme ne se trouve plus réduit à un squelette sans personnalité, sans traditions, sans histoire. Il est maître de lui, il « se gère », il sait ce qu'il pense et pourquoi, il reste riche de la culture et du parcours qui l'ont fait. Même incroyant, il respecte davantage les cathédrales que les guillotines. Et il jette un regard fraternel sur ses prédécesseurs en dépit de leurs égarements. Oui, bien sûr, les religions ont eu *aussi* en leur temps des effets heureux, générateurs de progrès moraux. Oui, bien sûr, les femmes et les hommes qui ont cru à la virginité de Marie, à la résurrection physique de Jésus, à leur double montée au ciel, ceux qui se sont prosternés devant Louis XIV, Robespierre ou Staline, et même les Allemands aveuglés par les théoriciens nazis, et même les Khmers rouges, et même les barbares de « l'État islamique », étaient ou sont encore des enfants de l'Espèce. Sinon, sur quels fondements baser l'idée démocratique ? Credo qui ne détourne pas de la nécessité de combattre dans l'instant, d'éliminer, ceux qui précisément menacent leurs égaux.

*

« SI LOIN » : parce que cet apaisement ne gagne pas la totalité du réel. Le paradis reste derrière la vitre. Quelques vieux conflits persistent, entre Israël et le monde arabe, entre l'Inde et le Pakistan, entre chiites et sunnites, entre talibans afghans et petites filles illettrées… Et chaque jour voit naître des horreurs nouvelles. Les djihadistes de Daesh, peut-être nés en Seine-Saint-Denis, massacrent de paisibles Yézidis, décapitent des journalistes et annoncent qu'ils défileront bientôt sur les Champs-Élysées. Les hordes de Boko Haram liquident des villages entiers, enlèvent des adolescentes par centaines et « les marient » à leurs miliciens. En plein Paris, des policiers en tenue, des clients d'épiceries juives, des caricaturistes de presse, subissent les assauts de tueurs qui se disent vengeurs… En somme, bien que le monde aille mieux, il va plus mal.

Les *sapiens sapiens* sont nés il y a cent ou deux cent mille ans dans une vallée africaine, d'où ils se sont mis en marche. De nouvelles mutations, de moindre importance, permettent néanmoins d'identifier plusieurs branches différentes parmi leurs descendants et de dater leur apparition. En Europe, progressivement libérée d'une monstrueuse chape de glace, les arrivants se sont trouvés mêlés ou confrontés à d'autres *homo* plus anciennement implantés : les *neandertal*, qui ont eu le bon goût ou le malheur de disparaître.

Des communautés culturelles variées se sont tissées au fil de ces errances, entretenant entre elles des relations amicales ou hostiles, chacune revendiquant l'excellence de sa représentation de l'espèce. Le nom même dont se qualifient bien des peuples, par exemple *inuit* pour les autochtones du nord canadien, veut tout simplement dire « les hommes », ce qui sous-entend que les autres, les étrangers, ne le sont pas tout à fait. (Eskimo est en revanche un mot indien méprisant qui ne signifie plus que « mangeur de viande crue ».) La rivalité entre les communautés s'aggrave encore lorsque l'une d'entre elles prétend incarner une vérité universelle et l'imposer à l'humanité entière. Tel fut hélas le rôle véritablement scandaleux de nombre de religions revendiquant pourtant « l'amour du prochain » ; notamment d'à peu près toutes les formes du christianisme, dont l'histoire se tisse d'horreurs diverses : les massacres des Croisades, les abominations de l'Inquisition, la Saint-Barthélemy, sans oublier le terrible bilan des occupations coloniales. Et c'est encore le cas des formes extrêmes de l'islam dont les djihadistes enflammés promettent la mort à tous ceux qui ne se convertiront pas. (Il n'est pas possible d'en dire autant des juifs qui ont choisi de se lover seuls dans le giron du « peuple élu », mais la création d'Israël, donc d'un territoire à conserver, menace cette belle exception.) Le mot « religion » vient d'être introduit. Forme éminente, sinon tout à fait première, de la pensée. *Religio*, de *religare*, « relier », ou de *relegere*, « relire, repenser » ; voire, à l'inverse, de *relegare*, « écarter, reléguer ». Or, les mouvements de population, les rivalités des « messies » et des catéchistes, ont quelquefois fait glisser le patchwork des croyances qui ne coïncide alors plus par endroits avec celui des ethnies d'origine. Il y a des Occidentaux blancs catholiques, et d'autres protestants. Toutes sortes d'églises évangéliques se disputent les Africains et les Américains. Les Français musulmans se comptent désormais par millions. La complexité spatiale de l'humanité s'est accrue.

Restait encore à « imiter » dans l'espace laïque ce schéma religieux. Ce fut la mission que se donna la France, « fille aînée de l'Église » avant de devenir la Révolutionnaire que l'on sait et de chercher en somme, sans trop l'avouer, à dérober aux juifs leur fantasme de « peuple élu ». Ailleurs on peut encore s'interroger : « Quoi d'autre, au-delà de la nation unie ? » Mais dans la France de Clovis, de Louis XIV, de Saint-Just, c'est « hors de question », dans la mesure où ses adorateurs entendent incarner l'humanité complète et idéale. Rien qui vaille en dehors. Aujourd'hui, alors que se développent les échanges mondiaux et que des millions d'humains porteurs d'autres cultures viennent grossir et enrichir la population de l'Hexagone, il n'est pas étonnant que la France éprouve des difficultés particulières à les accueillir. Mais, à la vérité, l'affaire n'est pas nouvelle. L'Hexagone sacré s'est construit en sacrifiant ses cultures « régionales » à son unité « nationale » ; le vocabulaire révèle déjà le tour de passe-passe des centralisateurs de tout poil, les adorateurs du Roi Soleil comme les révolutionnaires à la Sieyès, l'homme qui voulait découper le pays en carrés égaux sans tenir aucun compte des particularités locales. On a beaucoup utilisé ces dernières années la phrase de Marc Bloch « condamnant » (c'est son mot) « pour imperméabilité aux plus beaux jaillissements de l'enthousiasme collectif » (sic), « ceux qui refusent de vibrer au souvenir du sacre de

Reims ou qui lisent sans émotion le récit de la Fête de la Fédération ». Au demeurant les jacobins français parlent volontiers, avec des trémolos dans la voix et des brillances dans les yeux, de « communauté nationale ». Mais qu'ils entendent des Basques, des Corses, des Bretons, user du même mot ou s'exprimer dans leurs langues respectives, et les voici fustigeant le spectre du « communautarisme ». Il fut un temps – des temps – où la même opprobre visaient les Juifs : ils ne doivent leur immunité actuelle, dans la France du troisième millénaire, qu'à une sorte de dédommagement non dit pour la sinistre Affaire Dreyfus et pour le sort terrible qui leur a été réservé par le gouvernement de Vichy.

Cette « laïcisation » de l'intolérance monothéiste nous introduit en fait au dernier étage du mille-feuille. À la mosaïque des cultures et des religions, il faut en effet encore superposer celle des États, nés des aléas de l'histoire, de hiérarchies sociales ou de conquêtes militaires, dont les territoires ne coïncident pas davantage avec les découpages ancestraux. La planète s'est alors cloisonnée par des frontières. Plus que les religions, ce furent désormais les États qui maintinrent vaille que vaille, à l'intérieur une paix civile garantie par une constitution ou la volonté d'un tyran relayée par les programmes scolaires, jusqu'à un passé proche par le service militaire, et à l'extérieur un équilibre plus ou moins stable cimenté par des alliances chaleureuses et de froids face-à-face.

C'est ce château de cartes qui s'écroule désormais. La baisse du prix des voyages et la mise en place des réseaux informatiques ont subitement tout changé. Il est devenu possible *tant aux individus qu'aux groupes* de jeter un œil derrière les barbelés et les postes de douane, de découvrir d'autres humains et, en retour, de prendre conscience de leur propre condition.

*

« Tout près, plus loin que jamais, POUR LES MÊMES RAISONS » : parce que les capacités nouvelles qui nous sont échues depuis quelques décennies permettent aussi bien d'aggraver les menaces que de les dissoudre ; de murer plus solidement encore notre cachot que de l'ouvrir. Les issues en étaient obturées à l'aide de vieilles colles qui finissaient par s'éventer. Désormais elles sont condamnées à la super glu. Le berceau de la planète pourrait devenir notre tombe, sans que personne ne surgisse plus jamais des confins de l'univers pour y déposer des bouquets organiques. On en vient à espérer que les *Élohim* dont parlent les premiers mots de la Genèse biblique soient bien des extraterrestres susceptibles de refaire un jour une descente…

Chaque humain s'est subitement trouvé libéré du contrôle des États ; capable, lui tout seul – oh le vertige, oh la griserie ! – d'une part de parler à l'ensemble de ses proches, de se faire remarquer d'eux, de refaçonner leur credo commun, et d'autre part de s'adresser à l'humanité entière : ou bien pour prendre son envol hors de son propre nid, pour se libérer des pesanteurs de son héritage, de la censure de ses maîtres, ou bien au contraire pour tenter d'assurer à sa communauté, *à sa bande*, un rayonnement extérieur, une emprise mondiale.

Les « printemps arabes » tunisien, libyen, égyptien, le réveil ukrainien, se sont d'abord joués sur les écrans des *smartphones* avant d'enflammer leurs capitales respectives. Le nouveau « califat » de l'État Islamique a fait immédiatement fi des frontières anciennes et réuni des portions de l'Irak et de la Syrie, sans faire mystère de ses projets d'extension. Un homme, Abou Bakr al-Baghdadi, a pu se proclamer seul successeur de Mahomet sous le nom d'Ibrahim, c'est-à-dire sous la version arabe du nom d'Abraham, le père des trois religions monothéistes…

Les politiciens, les économistes habitués aux jardins ratissés des théories libérales ou marxistes, doivent désormais arpenter les marécages du désir, les fondrières de la pulsion de mort. Tout entravés qu'ils soient par leurs appartenances, les individus sont imprévisibles. Et il n'est pas nécessaire d'être un psychanalyste chevronné pour imaginer que bien des jeunes gens puissent préférer le destin aventureux d'un djihadiste à l'ennui d'une vie de chômeur ou même de smicard dans une cité de banlieue. Sur un ton moins guerrier, pourquoi préférer un ouvrier français à un émigré pakistanais s'ils se valent ? Il n'est peut-être pas interdit de voir dans ces réaménagements la progression effective de l'espérance christique et du rêve démocratique de Fukuyama…

La complexité de l'univers, celle de l'Histoire, se jouent désormais en chacun de nous : que pèse une foule de dix milliards de « citoyens » devant le million de milliards de contacts synaptiques qu'abrite un seul cerveau humain ?

Nous n'avons encore rien vu, ni des merveilles ni des horreurs à venir. Chacun est en contact avec tous. On décapite à tour de bras. Le climat et la planète se dégradent, le niveau des mers s'élève. Nos corps, miracles improbables, voient leur vie s'allonger.

Quoi d'autre ?

Du même auteur

En librairie

Quand ces choses commenceront...   (essai) *Arléa*
La nuit celtique   (essai) *Terre de Brume/PUR*
Aborigène occidental   (essai) *Mille et une nuits*
Espèce d'homme !   (essai) *Éditions du Temps*
Gwir   (essai) *Yoran Embanner*
le-septième-jour.net   (nouvelles) *Dialogues*

Sur internet,
en format numérique ou en livre imprimé

Préavis   (comédie)
Rature   (roman)
Cohensidansepochtli   (roman)
Sexuelles   (roman)
Tolente   (roman)
Aveuglément   (nouvelles)
Quoi d'Autre ?   (essai)

Biographie et filmographie (télévision) sur Wikipedia
mt@michel-treguer.com

www.ingramcontent.com/pod-product-compliance
Lightning Source LLC
Chambersburg PA
CBHW022206150726
47992CB00002B/985

9 791094 712139